小林照子
Teruko Kobayashi

48歳からの「いい男」の条件

第一印象を決める
自分プロデュース術

きずな出版

はじめに――ビジネスで成功する人には「自意識」と「美意識」がある

突然ですが、あなたは自分の「外見」に気をつかっていらっしゃいますか?

こう質問すると、たいていの男性はこんなふうに答えます。

「ええ、まあ、人並みには」

この言葉には、さまざまな心情が隠《かく》されているように思います。

「人並みに恥ずかしくない程度には気をつかいますけれど、僕は別にオシャレに、そこまで気をつかっているわけではありませんよ」

「僕はそんなことを第一に考えているような〝軽い男〟ではないですからね」

私は60年以上、美容の世界で生きてきた人間です。

84歳になった今でも、現役のメイクアップアーティストとして、そして美容研究家として働いています。

〝美容〟というと、女性のためのもので、自分とは関係ないと思われる男性は多いでしょう。じつは、そんなことはないのですが、外見や容姿を気にするような男は、「男らしくない」「軽い」「中身がない」ととらえて、「自分はそうはなりたくない」と考えてしまうようです。

もしそうだとしたら、ちょっと残念な気がします。

自分の「外見」に気をつかうということは、一流のビジネスマンなら誰でもしていることです。

ビジネスを展開していくときに、

- 自分自身をどんなふうに見せるか
- どんなふうに見せたほうが得か

ということを考えるわけです。

「人は見た目が9割」といわれますが、どんな印象を相手に与えるかで、仕事も人生も変わっていくといっても過言ではありません。

「美容」に気をつかうというのは、それだけ自分の印象を大事にすることです。

私の研究所は、「印象分析」についての研究を長く続けてきました。

どんなことで人の印象は決まってるのか、という研究ですが、ちょっとしたことで、いい印象に変えることもできれば、悪い印象になるということもあるのです。

イメージづくりというのは、とても大切です。印象分析の研究は、それに役立つものですが、実際、経営者の方や政財界、法曹界、芸能界の方、営業の方や就職活動をする学生さんなどのご相談にも乗ってきました。

そういうとき私は、その方の第一印象を具体的な言葉にして伝えてから、スキンケアやメイク、ファッションを含むトータルイメージのアドバイスをします。

まず最初に、次の二つについて質問します。

●実際のところ、いまのあなたはどんな感じに見られていると思いますか？

●ご自身の理想としては、どんなふうに見られたいですか？

「自分はエネルギッシュな人間です」

「明るいのだけが自分の取り柄です」

「自分は優しい人間です」

といっても、実際にあなたと会った人がそう見てくれなければ、「ただ自分で思っているだけ」で終わってしまいます。

「エネルギッシュな人」に思われたいとしたら、そう見えるように意識することです。自分の顔やファッション、スタイルは、人にどんな印象を与えているのか。どんなふうにすれば、自分の見られたいイメージに近づけるのか。それを考えて、「外見」をつくっていくわけです。

そして、そうなるには、「こうなりたい」という「自意識」と、「こうありたい」という「美意識」を持つことが大切です。

本書のタイトルは、『48歳からの「いい男」の条件』としました。

「48歳」というのは、男性にとって、どんな年でしょうか。

もう若手でもない、けれども老人でもない。それどころか、キャリアを積んで、これからこそが本当の人生の始まりといってもいいほどです。そんな年代を迎えられたあなたに、「大人の男」としての魅力を磨いていただきたいと思っています。

長い人生の中で私たちは、仕事のつながり、地域のつながり、趣味のつながりなど、たくさんのつながりを持って生きていきます。

そんなときに相手の人から「不潔な人だな」「一緒に仕事するのはイヤだな」「絶対に一緒に行動したくないな」などと思われないように身だしなみに気をつかい、自分が見られたいイメージ通りに自分を演出していくというのは、生きていく上での知恵であり、マナーでもあるのです。

その演出方法を、本書でお伝えしていきます。

人生１００年時代、その折り返し地点に立つ今、ここでちょっと自分のことを振り返って、客観的に眺めてみませんか。

そして、これからの人生の展開をより楽しいものにしていくために、私と一緒に戦略を練っていきましょう。

小林照子

目次

第2章 柔軟な思考で変化を受け入れる
――今日から始める男のスキンケア

第3章 年齢と遺伝を言い訳にしない
――いまからでも間に合う頭皮ケア

第4章 コンプレックスを克服する

——知っておきたいベストバランス

第5章 見られている自分を意識する

――女性に嫌われない身だしなみの基本

第6章

メンテナンスに手を抜かない

——生涯現役を貫く覚悟と準備

第7章 この人生を面白がって生きる
——いい男の自覚と習慣

編集協力　赤根千鶴子
イラスト　藤原千晶

48歳からの「いい男」の条件

——第一印象を決める自分プロデュース術

それでは、自分プロデュース術で男を磨く講座を開講します。

基本のケアの見直しをしていきましょう。
自分が気になるところから始めてかまいません。
「自己プロデュース力」を身につける一助になります。
それが、この人生をより面白いものにしてくれるでしょう。

第1章

実年齢よりも若く見える

──印象を変える「美容」の技術

印象を変えるポイントは肌・眉・ヘアスタイル

長年の経験から言わせていただくのですが、男性の場合、「肌」と「眉」と「ヘアスタイル」が、顔の中でも大きく目立ちます。

自分の印象をよくする最初のステップは、この3点のチェックから始めましょう。

【肌】

皮脂でベタベタ、毛穴が広がってゴツゴツという肌が、一番だらしなく、がさつな印象を人に与えます。

【眉】

男性はなるべく自然な毛流れを生かしたほうがよいのですが、眉毛が長すぎて垂《た》れ下がっている部分は眉毛用のハサミで切りましょう。

垂れ下がった眉毛は、人に野暮《やぼ》ったい印象を与えます。顔で一番目立つところですから、お手入れをすることを習慣にしましょう。

【ヘアスタイル】

年齢とともに、髪はペタンとしがちです。いまはヘアスタイリング剤の種類も豊富ですから、いろいろなスタイリング剤を試し、髪は少しフワッとさせるよう心がけましょう。脂《あぶら》ぎっている髪、フケが見える髪はマイナスポイントにしかなりません。こまめなシャンプーを心がけてください。

若い頃は「美形男子」が得をすると思いがちですが、年をとればとるほど、顔が美形なだけでは「仕事がデキる男」「人にモテる男」にはなれません。

この3点を少し変えるだけでも印象が１８０度変わってきます。

▶肌・眉・ヘアスタイルで印象は変わる

老けて見える人には、共通点がある

実年齢より老けて見える人には、じつは共通点があります。

それは「面倒くさがり屋」だということ。

老けて見えるか、若々しく見えるか、その差は、ちょっとした「ひと手間」でしかないといっても過言ではありません。そのひと手間を「面倒」と思って、そのままにしてしまうので、結果、老けて見えてしまうわけです。

前項で私は、印象を変えるポイントは「肌」と「眉」と「ヘアスタイル」だと申し上げました。パッと顔を見た瞬間に、人の目に飛び込んでくる箇所だからです。

実年齢より老けて見えてしまう理由を、具体的にあげてみましょう。

【肌】

□ ふだんの皮脂ケアが不十分で、毛穴が開いている

□ 顔にツヤがあるというより、顔が脂で光っている

【眉】

□ 眉毛が伸び放題。男らしい眉というより、〝無法地帯〟のような眉。

【ヘアスタイル】

□ どんな髪型でも、脂が浮いているように見える

□ ツヤがなくスタイリングしたようには見えない

□ 髪をペタンとなでつけたような感じのスタイルが多い

□ 髪にボリュームがない分、顔は大きく、背丈は小さく見える

このような要素がそろっていると、〝ちょっとひと手間をかけるということができない性格〟が垣間《かいま》見えてしまうのです。

ちょっとしたひと手間というのは、たとえば肌であれば、洗顔をこまめにする、あるいは洗顔方法を工夫するということがあります。

眉であれば、眉毛を整える。ヘアスタイルについても、シャンプーのしかたを変えたり、ドライヤーでセットしたり、ということをすれば、問題はたちまち解決、となることが多いのです。

仕事が忙しくて、細かいことに時間をさくことができなくて……という状況は、私にもよくわかります。

でも本当に〝ちょっとのひと手間〟をふだんのお手入れに加えるだけで、人の印象は全然違うものになるのです。できれば今日からケアを心がけてほしいと思います。

それぞれの具体的な方法は、次章以降でお伝えしていきますね。

自意識と美意識で
プラスの印象をアップする

自分の「見られ方」を変えたいとき、決して口にしてはいけない言葉があります。それは「どうせ自分なんて」という言葉です。

「どうせ自分なんて、太っているから」
「どうせ自分なんて、髪が薄いから」
「どうせ自分なんて、イケメンじゃないから」

別にイケメンじゃなくてもいいではないですか。男は美醜《びしゅう》より、個性です。

自分自身の中に「こうありたい」「プラスの印象をアップしたい」という気持ちがあるのであれば、〝今ある自分〟を生かして、すべてが〝長所の一つ〟に見えるように変えていけばいいのです。

私が皆さんにお伝えできるのは、そのための小さな心づかいです。この小さな心づかいの積み重ねこそが、自意識と美意識を鍛《きた》えてくれるのです。

小学生のときの計算ドリルと一緒です。

難しい計算ができるようになるには、まずは足し算、引き算。それができるようになってから掛け算、割り算へ。

そうやってコツコツ基本を積み重ねていくと、いつのまにやら難しいことも自然にできるようになるものなのです。

「いつまでも若いつもり」は通用しない

人はなかなか、自分の「老化具合」を把握《はあく》できないものです。

気持ちは昔と変わらず、前向きで元気で若い。すると、自分の外見も極端にくたびれて見えたりすることはないだろうと、自分で勝手に思い込んでしまうからです。

じつは私自身、テレビ出演で大失敗をしたことがあります。

そのとき私は若い頃のやり方のままでテレビに映ってしまったのですが、あとでテレビ局の方に録画を見せていただいて、猛省しました。

アナウンサーの方のお話を私は静かに頷《うなず》きながら聞いているのですが、これがどうしようもなく不機嫌そうな顔。自分では、そんなつもりじゃないのに、そう見えていたのです。

なぜ、そんなふうに見えたのか。テレビ画面に映る自分の顔をつぶさに観察して、ようやく、その理由がわかりました。

若い頃に比べると、私の口もとがだいぶ下にたるんできていたのです。だから口を閉じているだけで、ムッと怒っているような顔に見えてしまっていました。

私はそれ以降、自分の顔を鏡でいろいろな角度からチェックしたり、機嫌《きげん》のいい顔のつくり方も研究するようになりました。

自分では若いときと変わらないつもりでも、まわりの人たちから見れば〝笑顔の少ない、不機嫌そうな人〟に見えているかもしれません。

これではビジネスシーンでも、相手の方に嫌われてしまいます。

どんな人間でも毎日必ず、年をとっていくのです。ならば油断をしないで、自分の現状と向き合い、傾向と対策を考えていくことが大切です。

いまはスマホがありますから、自分の顔をなるべく頻繁に撮影するようにして、自分の顔、髪、姿勢をチェックすることもできます。

自撮りでもかまいませんし、家族に撮ってもらうのでもかまいません。静止画よりも動画のほうが、〝他人にこういう印象を与えている〟というのがわかりやすいかもしれません。

くれぐれも、会社などで自分よりも年若き女性陣に、

「僕は若く見えるほうでしょ？」

などと聞かないでくださいね。

自分よりも年上で、役職にもついているような男性に、

「えっ、実年齢よりも老けて見えますよ」

「なんとかしたほうがいいですよ」

と言える女性はいるわけがないのですから。

「いつもお若いですよ」

と、無難な言葉で微笑み返してくれるのがオチです。

私は決して、自分を極端に若く見せる必要はないと思います。

ただ、自分がいつまでも若く見えると思って〝調子にのらないこと〟。年をとったら、年をとったなりの表情のつくり方、ファッションなどを考えて、自分をプロデュースしていくことが大切なのです。

血のめぐりをよくして肌を若返らせる

女性だけでなく、男性も肌は確実に老化していきます。

男性の場合、皮脂分泌量はそんなに減りませんが、肌の水分保有量は減り、何もしなければどんどん乾燥気味に傾いていきます。

肌はテカテカが目立っても、カサカサが目立っても、格好のいいものではありません。やはり男性も、自分の肌のコンディションをよくする美容法は覚えておくべきだと思います。

私がいつも考える、男性の美容の鉄則があります。

「男の美容は〝取り去ること〟にあり」

男性は、男性ホルモンの影響で非常に皮脂が多いのです。

肌には毛穴があり、毛穴の奥には皮脂腺があります。毛穴には皮脂が詰まりがちですが、この皮脂をきれいにお掃除すれば、肌をうるおすために新しい皮脂が出てきます。

ですから男性が肌を健やかに保つには、まずは毛穴の汚れを取り去ることが大切です。毛穴に皮脂や汚れがたまらないよう、きちんと洗顔し、毛穴が広がらないよう心がけましょう。何か肌につけるものを考えるのは、それからです。

元気な肌を育てていくためには、肌に酸素や栄養が行き渡るようにしてあげることも必要です。

肌の表面にあるのは「表皮」、その下にあるのは「真皮《しんぴ》」、その下が皮下組織、筋肉です。

肌に栄養や酸素を届けてくれるのは「血管」で、真皮にある「毛細血管」が表皮細胞に酸素や栄養を送り、表皮細胞が不要になった二酸化炭素などの老廃物を回収しています。そしてその老廃物は静脈へと送られます。

しかし加齢や睡眠不足やストレスなど、さまざまな要因によって血行が悪くなってくると、表皮細胞には酸素や栄養が行き届かなくなります。

また老廃物の回収もスムーズにいかなくなってしまうので、肌のくすみがひどくなります。

からだの中には動脈、静脈という血管のほかに「リンパ管」も張りめぐらされています。リンパ管は毛細血管からしみ出た水分（組織間液）を回収し、鎖骨《さこつ》の下の静脈角で静脈に戻しています。

しかし血行が悪くなると、リンパの流れも悪くなり、回収できない水分が顔の「むくみ」につながります。そしてむくみがひどくなると、その重みで「たるみ」にもつながります。たるみは決して、肌の老化だけが原因ではないのです。

この問題を解決するには、血のめぐりをよくしてあげることが一番です。

血液の循環がスムーズになれば、肌のすみずみに酸素と栄養は行き渡り、老廃物や水分は排出《はいしゅつ》されていきます。

そこで、簡単なフェイシャルマッサージのしかたをお伝えします。

女性には、メイク落としもできるマッサージクリームを使いながら行うことを提唱している、小林照子流のマッサージです。

具体的な方法と注意するべきポイントをお伝えしますので、男性はぜひ、毛穴汚れを取り去るクレンジング時などにトライしてみてください。

1．力を入れないこと

クリームや乳液をたっぷりと肌につけて、指には力を入れすぎないこと。汚れを取り去るために、肌をこする必要はありません。こするのではなく、肌を軽くなでるように指を動かしていきましょう。

2．長時間やらないこと

あまり長時間は行わないこと。時間的には1～2分ですませたほうが、肌に負担がかからなくていいと思います。

3．シワには直角に指を動かすこと

たとえば額の横ジワが気になるのであれば、そのシワの溝がなくなるように指を動かしながら、縦方向にマッサージしてください。

4．目もと・口もとは特にやさしく

目もとは皮膚が薄く、シワになりやすい部分です。極力軽くマッサージするよう

にしてください。

目もとはまず、両手の人差し指と中指で眉頭《まゆがしら》（顔の中心のほうで、眉毛が始まる部分）をはさみ、眉間《みけん》（眉と眉の間）を広げるように、眉頭から眉尻《まゆじり》（顔の一番外側）に向かって指圧していきます。そのあと人差し指と中指で目のまわりをマッサージしてください。

上まぶたから下まぶたへ、です。目頭から目尻を通って、ぐるりと目頭に戻る感じで指を動かします。

口もとは笑いジワができやすい部分です。まず中指と薬指を鼻の下中央に置き、口もと中央から口角を引き上げるようにマッサージしてください。

そして中指を鼻の下に、薬指と小指を口の下に置き、唇の上下をはさんで、口もとのシワを中央から外に向かって伸ばすように指を動かしましょう。

目は「眼輪筋《がんりんきん》」。口は「口輪筋《こうりんきん》」というドーナツ状の筋肉に取り囲まれています。そのため、なるべくこの〝ドーナツ〟の形にそって、マッサージをするのです。

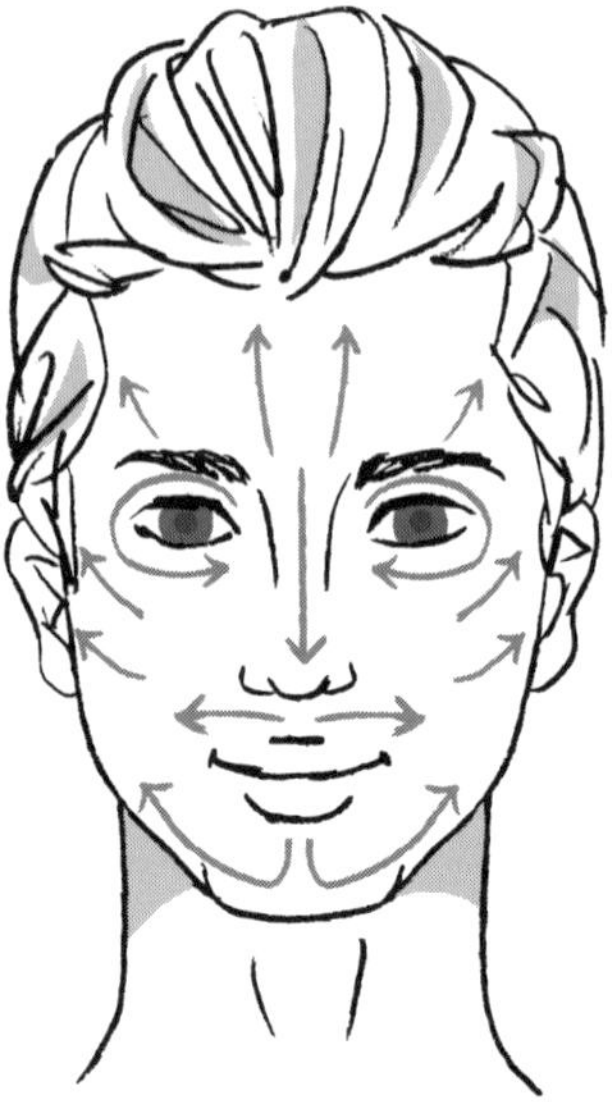

▶フェイシャルマッサージ

指を顔に当て、矢印の方向にやさしく動かしていきましょう

注意するポイント

1. 力を入れないこと
   汚れを取り去るために、肌をこする必要はありません。
   こするのではなく、肌を軽くなでるように指を動かしていきましょう。

2. 長時間やらないこと
   時間的には1〜2分ですませたほうが、肌に負担がかかりません。

3. シワには直角に指を動かすこと
   横ジワが気になる場合は、縦方向にマッサージしてください。

4. 目もと・口もとは特にやさしく
   目もとは皮膚が薄く、極力軽くマッサージするようにしてください。

5．マッサージは一方通行で

筋肉は植物の葉の葉脈のようなもので、一方通行です。なので、マッサージも「一方通行」が基本です。

指を往復させることは、筋肉の流れに逆らうことになるので、シワの原因になります。また筋肉は、顔の中心部から外へ外へと流れています。そのためマッサージも外へ外へが基本です。額も、頬も、あごも、顔の内側から外へ。これを意識してケアしてみてください。順番としてはまず目もと、口もと、そのあと額、頬、あごと指を動かしていくのです。

マッサージによって顔の血流がよくなると、顔のくすみも改善されて、「元気な顔」を取り戻せます。

第2章

柔軟な思考で変化を受け入れる

――今日から始める男のスキンケア

スキンケアの基本は毛穴の汚れを取り去ること

年を重ねるごとに、男性が大事にしないといけないもの。

私は、それは「清潔感」だと思っています。脂ぎった肌や脂ぎった髪はそれだけでその人の印象を悪くするもの。

「この人、身だしなみに気をつかわない人なのかしら?」

「なんだか不潔」

「におってきそう……」

周囲の人は、そんなふうに思っているかもしれません。

清潔な印象をまわりに与えるためには、常に皮脂の除去に気をつかうことです。ここで少しだけ、人間の肌の仕組みについてお話しさせてくださいね。

一般的に私たちの肌は42日で生まれ変わると言われています。

肌の表面にあるのは「表皮」、その下にあるのは「真皮」です。表皮は四層に分かれています。

下から「基底層」「有棘《ゆうきょく》層」「顆粒《かりゅう》層」「角質層」で、基底層でつくられた表皮細胞は下からどんどん肌表面に押し上げられ、約14日かけて「角質細胞」になります。そしてそのあと28日ほどかけて、垢《あか》としてはがれ落ちます。

つまり、肌の生まれ変わり（ターンオーバー）の周期はトータルで約42日（14日＋28日）ということになります。

しかし年齢を重ねるにつれて、ターンオーバーはだんだん遅くなります。古い細胞が新しい細胞に入れ替わっていくことを「新陳代謝《しんちんたいしゃ》」と言いますが、一般的に新陳代謝は年齢とともに低下します。

古い角質がなかなかはがれないと、角質層は厚くなります。そして肌は透明感を失い、くすんでいきます。

また男性の場合、男性ホルモンの影響で非常に皮脂が多いので、毛穴からどんどん脂が出てきます。

毛穴を毎日ていねいにお掃除すれば、次にまた肌をうるおすために脂が出てくるという仕組みです。しかしこの毛穴のお掃除が不足していると、脂が角質を巻き込んで毛穴の中で固まってしまいます。

これを角栓《かくせん》というのですが、この角栓は毛穴をどんどん開いていきます。そのため、お手入れの行き届いていない肌は見た目がゴツゴツした印象になり、時には悪臭を放つまでになるのです。

まずは、毎日の、ていねいな洗顔を心がけましょう。

ただ、熱いお湯で洗うと、熱さのために肌がゆるんで毛穴が開きすぎ、シワができやすくなってしまいます。また皮脂を取りすぎてしまうこともあるので、肌の老化を早めることにもなります。かといって冷たい水で洗うと、毛穴が縮んで、毛穴の中の汚れが落ちにくくなりますし、洗顔ソープなどの泡立ちもよくありません。

一番いいのは、ぬるま湯で洗顔することです。そして肌に負担がかからないよう、〝泡で洗う〟意識を持つことです。洗顔ソープは手の中でよく泡立ててから使いましょう。

洗顔のポイントは次の４つです。

１．力を入れない

指に力を入れないこと。汚れを取り去るために、肌をこすることはないのです。こするのではなく、軽くなでるように〝泡〟で顔を洗ってください。

皮脂が出やすい鼻の頭周辺は、洗顔ブラシなどでクルクルと円を描くようにマッサージすると角栓が取れやすくなります。ただし一気に取り去ろうとゴシゴシこするようなことはしないでください。

2．首も一緒に洗う

顔だけでなく、首筋にも泡を伸ばしましょう。

3．洗顔は短時間で

あまり長時間は行わないこと。時間的には1〜2分ほどですますほうが、肌に負担がかかりません。

4．しっかりすすぐ

すすぎは十分に。肌に洗顔料が残っていると、肌荒れの原因になります。

時間に余裕があるときは、37ページで紹介している〝血行をよくするフェイシャルマッサージ〟も、ぜひ取り入れてみてください。

蒸しタオルで毛穴も心も開放する

ここで毛穴に詰まった汚れを取る、スペシャルケアをご紹介しておきましょう。名づけて、「ホットタオルの温ケア」。これは毎日する必要はありません。休日、家でゆっくりする時間があるときで結構です。

ホットタオルは、家にある普通のフェイスタオルで簡単につくれます。タオルを2本、用意してください。

水で濡《ぬ》らしてゆるく絞《しぼ》ります。そして耐熱皿にのせて、電子レンジに約1分かけてください。顔にのせると少し熱いかな、と感じるくらい（温度としては42度くらいがベスト）の〝蒸しタオル〟をつくるのです。

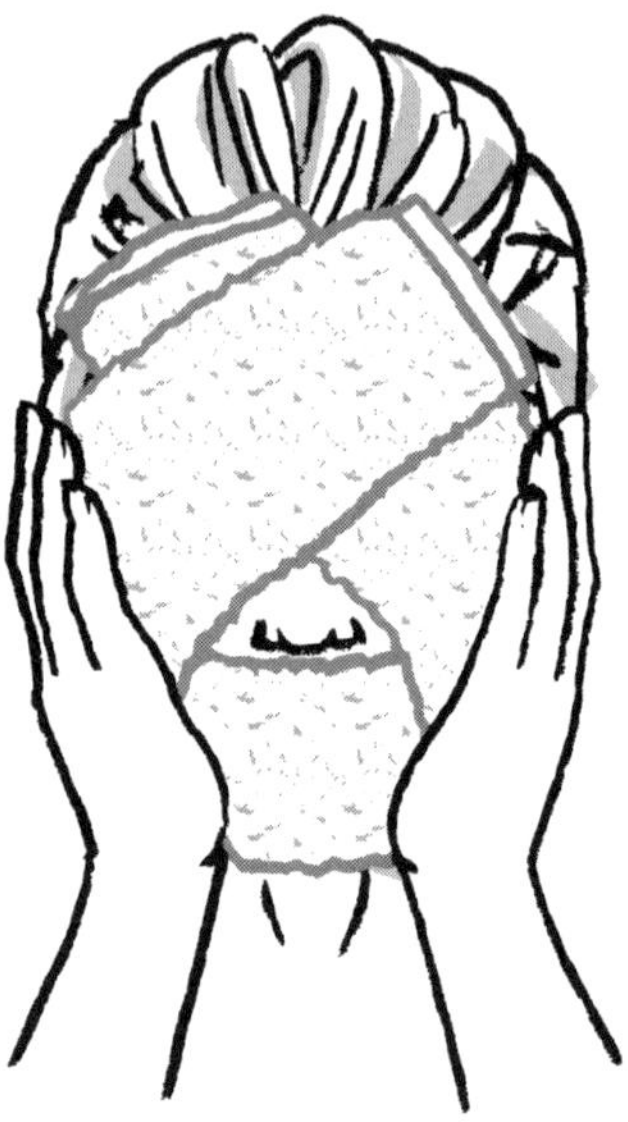

▶ホットタオルの温ケア

タオルを水で濡らしてゆるく絞り、耐熱皿にのせて、
電子レンジに約1分かけて蒸しタオルをつくります。
蒸しタオルを縦に二つ折りにして、顔を包み込みます。
タオルの蒸気で毛穴が開き、汚れが浮き出てくると同時に、
タオルの熱で血行が促され、肌の血色がよくなります。

そして蒸しタオルを縦に二つ折りにして、そのタオルで顔を包み込んでみましょう。タオルの蒸気で毛穴が開き、汚れが浮き出てくると同時に、タオルの熱で血行が促《うなが》され、肌の血色がよくなります。

そのあとタオルのきれいな部分を使って、顔の汚れを拭き取ります。そして、もう1本のタオルで同じことを繰り返して終了。

これだけでもだいぶ、毛穴汚れがクリアになります。「温ケア」のあとの自分の肌のすべすべ具合をぜひ、確かめてみてください。

ホットタオルをあてる前に、クリームか乳液を塗っておくと、よりよい効果が得られます。

フェイスラインをシャープに引き締める

「温ケア」で毛穴の汚れが取れ、肌が温まったら、次は「冷ケア」です。

ホットタオルで開いた毛穴を、冷たい化粧水でキュッと引き締めてあげましょう。

ミストタイプの冷感化粧水などが一つあるといいですね。肌にシュッと吹きかけるだけで気持ちがいいですし、フェイスラインもシャープに引き締まるので、若々しい小顔になる効果があるのです。

ふだんは忙しくて、なかなか自分の顔の輪郭《りんかく》まで、きちんとチェックできないものです。

でも週末にこういったスペシャルケアの時間を設けると、鏡で自分の顔をいろいろな角度からチェックすることもできますから、ぜひ実践してみてほしいと思います。

化粧水を顔になじませながら、横から見たときの自分のフェイスライン、若干ななめから見たときの自分のフェイスラインなども鏡でチェックしていきましょう。

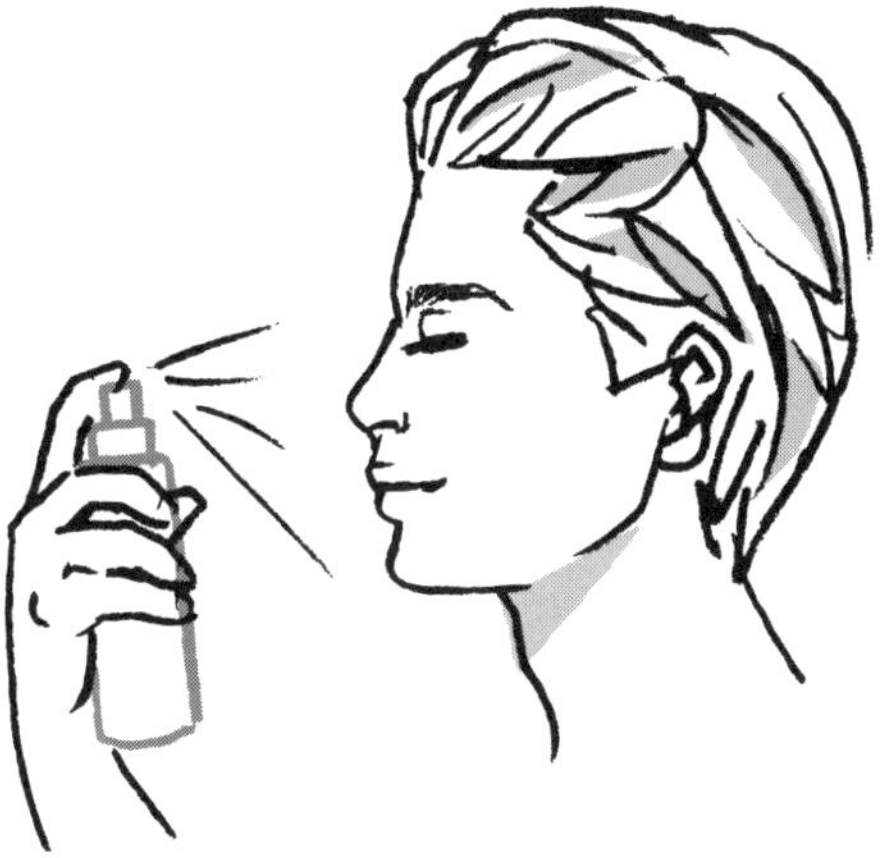

▶温ケアのあとは冷ケア

ホットタオルで開いた毛穴を、
冷たい化粧水でキュッと引き締めましょう。

人はなかなか、自分自身の変化には気づかないものです。

でも、さまざまな角度から自分の姿を見てみると、「あ、いまの自分は他人から見たらこんな感じに見えるのだ」ということを把握できていいと思います。

自分の変化を早めに察知できると、

「両頬の毛穴が目立つな。ふだんの洗顔をもっときっちりやろう」

「最近急に太ってしまったようだな。糖質はちょっと控えるようにしよう」

等々、対処も早め早めにできるのでいいこと尽くめです。

自己管理ができる男性というものは、どこに行っても「仕事がデキる男性」という評価を勝ち取ることができます。

なぜなら、「どうしたら、よりよい方向に導けるか」を考え、行動に移すクセが自然に身についているからです。

たかが「自分チェック」、されど「自分チェック」。

このわずかな時間を持つことが、人生に大きな差を生むのです。

シミを野放しにしている男であってはならない

年齢とともに肌の生まれ変わり（ターンオーバー）が乱れてくると、シミも多く目立ってくるようになります。

私たちの肌にはメラニンという色素があります。

メラニン色素は紫外線を吸収して、肌の内部がダメージを受けないよう働きかけてくれます。メラニン色素を生成する「メラノサイト」は、肌の表面にある「表皮」の一番奥の「基底層」にあります。

そしてその下にある「真皮」に紫外線が届かないよう、ここでメラニン色素をつくって真皮を守っているのです。

通常、メラニン色素はターンオーバーによって「表皮」の一番上の「角質層」へと上がっていきます。そしてメラニンはやがては排出されていくのですが、ターンオーバーが乱れてくると、表皮の中に蓄積してしまい「シミ」になってしまうのです。

またさらに年齢とともに基底層の「基底膜」も弱くなっていきます。するとその下にある真皮にメラニンが落ちてしまい、シミになって残ってしまうこともあります。

肌はいつも一生懸命です。でも、がんばり屋の肌も長年の疲れは出てきてしまうものです。

私たち大人がＵＶケアを行うのは、自分の肌に「もうそんなにがんばりすぎなくてもいいんだよ」と声をかけてあげるためです。ＵＶケア製品を使ってきちんと紫外線をブロックすれば、肌がメラニン色素を過剰に生成するのを抑えることはできるのですから。

すでに肌にできているシミを一つひとつ気にする必要はないと思います。多少シミがあっても全体的にツヤがあり、清潔感のある肌であれば、人は好感を持ってくれるでしょう。しかし40代以降は「予防」の意識を強く持つことも大切です。

「男は何もしないほうが、カッコイイんだよ」

そんなふうに考えていらっしゃる方もいるかもしれません。

でも、それは昔の話。

いまの時代は「何もしないということは、カッコワルイこと」です。

いまは日焼け止めにもさまざまな製品があります。日焼け止めはなるべく新しいものに買い替えて、日差しの強いところに出るときは顔もからだもきちんとカバーするようにしましょう。

最近は男性用のファンデーションもコンシーラーもいろいろ出ているようです。自分の肌の色に合った、ＵＶケア成分の配合されたファンデーションを使ってみてもいいでしょうし、ちょっと目立つシミはＵＶケア成分が配合されたコンシーラーでカバーすることも大切です。

紫外線によって、いま以上に自分の肌がダメージを受けないように。

そんな〝肌への思いやり〟を持ちましょう。

何もしないでシミが増殖していくのを野放しにしている人は、ただのズボラな人にしか見えません。

そんなことで印象が悪くなるとしたら、もったいないですね。

40代になったら、顔もからだも乾燥させない

シワの予防をするために一番いいことは、肌を保湿することです。

肌の表面をティッシュペーパー、ウェットティッシュに置き換えて考えてみましょう。ティッシュペーパーは丸めるとシワができて、あとでのばしても戻らないでしょう。でもウェットティッシュはどうですか？　丸めても、すぐ元に戻りますよね。

肌もそれと同じこと。うるおいがないと、笑ったり、表情を変えるごとにシワが刻《きざ》まれます。

でも乾燥とは無縁のうるおいに満ちた肌であれば、そんなことを気にする必要はなくなるのです。

男性の場合、女性のように加齢とともに皮脂分泌量が下がっていくわけではありませんが、やはり顔の乾燥が気になるときは、顔に乳液をなじませてあげたほうがいいでしょう。

乳液は肌に水分も油分も与えてくれますから、非常に便利です。いまはボディ用の乳液もたくさんありますから、からだも乾燥が気になるときは、きれいに洗ったあと、ボディ乳液でうるおわせてあげましょう。

シワっぽい手で名刺を渡されるよりも、つややかな手で名刺を渡されたほうが、仕事相手の方も安心すると思います。

オジサンっぽく見えないように。

お爺《じい》さんっぽく見えないように。

そのためにできることというのは、じつは結構カンタンなことなのです。

「オジサン」から「いい男」に進化しよう

同じ48歳でも、オジサンに見える人と、オジサンに見えない人がいます。

「オジサン」といえば、クサい、ダサい、口ウルサい……というイメージですが、実際は臭いもなければ、大声を出すわけでもないのに、「オジサンくさい」と思われてしまう人がいるわけです。

それに対して、「48歳とは思えない」といわれるほど若々しく、「オジサン」というより、カッコイイ存在として認知されるような人もいます。

この差はどこにあるのか。

60年以上、美容研究家という仕事をしてくると、「オジサン」に見える人の性格パターンも見えてきました。

実年齢より「オジサン」に見える男性というのは、とにかく人のアドバイスに耳を傾けない人。頑固《がんこ》で融通《ゆうずう》のきかない人が多いのです。

「男が〝お肌すべすべ〟なんて、逆に気味悪いと思われるんじゃないですか？」

「自分ケア？　間に合ってますよ、そんなの」

そうおっしゃる方々は、往々にして「自分のルックスはまだそんなに老けていない」と思っていらっしゃることが多いです。

「まだ〝オジサン〟と言われるほど劣化してないし」

いえいえ、そういう人こそ、「オジサン」になっています。

サービスで「ザ・」をつけてさしあげてもいいぐらい。

「オジサン」とは、自分の変化にも時代の変化にも疎《うと》い人です。

自分は今でも若々しい。

自分はいつも正しい。

そう思い込んでいる人は、じつは仕事でも損をすることが多いです。

人間が一人でできることには限界があります。

より大きなビジネスを成功させていくためには、より多くの人の意見を取り入れたほうがいい。

「オジサン」ではなく、「いい男」にステップアップしている男性は、その点をわきまえているのです。

自分も加齢とともに確実に「老化」している。

「老化していく自分」をみんながみんな、いいようにとらえてくれるわけではない。ならば、人のアドバイスを取り入れよう。時代の流れに敏感な人たちの意見を取り入れよう。

こんなふうに柔軟な思考ができる人は〝昔の男〟には見えませんし、〝オジサン〟にも見えないのです。

もしルックスに関して、いままで家族が、あるいは周囲の人が自分に言ってくれたことを無視してきた方は、ここで少しだけ思い出してみてください。そもそもアドバイスを言ってくれる人がいること自体、貴重なことなのです。そのありがたみを理解しておくことが大切です。

「老化」ではなく、「進化」していく自分を楽しんでいきましょう。

第3章

年齢と遺伝を言い訳にしない

――いまからでも間に合う頭皮ケア

自分の不摂生を遺伝のせいにしない

1日の時間は限られています。ですから大半の方は、そうそう自分の肌のケアや髪のケアに時間をかけていられません。

でも明らかな「お手入れ不足」を隠そうとして、

「いやあ、うちは代々こうなんです」

「うちは親父も、こうだったんです」

と言って片づけてしまうのです。

「うちは代々、アブラギッシュな肌なんですよ」

「うちは親父もハゲているので、僕もそうなる運命だと思います」

「仕方ないんですよ、遺伝ですから」

「そういう家系なんですよねえ」


「代々です」「遺伝です」「家系です」を口にする方は本当に多いのですが、私はそのたびに思うのです。

「遺伝」ではなくて、「家伝」ですよ。

もちろん遺伝的な要素がからんで〝こうなった〟ということも、あるかもしれません。でも、肌や髪のコンディションは〝日々のお手入れのしかた〟によって全然変わってくるものです。

それが代々同じというのは、祖父から父へ、父から息子へと受け継がれていく「お手入れ法」や「お手入れのスタンス」が「家伝」しているから、と言えるでしょう。

「おじいちゃんも20代のうちに髪が薄くなったし、自分もそうだったから、おまえもあきらめろ」

そんなふうに子どものうちから「髪は若いうちに薄くなるから、あきらめておけ」と教えられたら、子どもは頭皮のケアも髪の毛のケアもしませんよね。最初から〝あきらめておく〟のが、そのおうちの「教え」なのですから。

でもそうではなくて、小さいうちから

「男の子は女の子よりも皮脂の分泌が多いんだよ。

だから毛穴に皮脂が詰まりがちなんだ。

毛穴に皮脂が詰まっていると、新しい髪の毛が生えてこなくて、髪の毛が薄くなってしまうよ。そうならないように毎日ていねいにシャンプーして、頭皮の毛穴汚れを取るようにしなさい。シャンプー前に頭皮をマッサージして、汚れが落ちやすくしておくのも、髪の毛にとってはとてもいいことなんだよ」

と教えられて、きちんとしたケアを子ども時代から実践してきたら、髪の毛の状況も、おじいさんやお父さんとは全然変わってくるものだと思います。

私自身、自分の孫には小さい頃から頭皮マッサージを実践させてきました。いま30代になり、顔は父親そっくりになってきましたが、頭髪は全然そっくりではありません。

なんでも「あきらめろ」ではなく、ベストの方向に導く「いいこと」を「家伝」させていくことが大切なのです。どうぞあなたの代からでも、「美容ケア」を「家伝」させていってください。

薄毛が遺伝でなく家伝だというのは、言い換えれば、習慣を変えれば薄毛にならずにすむ、ということです。

まだ、いまからでも間に合います。

この章でご紹介するケアを始めて、続けていきましょう。

「頭皮毒出しマッサージ」で抜け毛・薄毛対策

髪は顔の一部。それが変われば印象は変わります。

若い頃とは別人のようになってしまっていたら、それは髪のせい、というところが大きいのではないでしょうか。

いまの髪を維持するために、また汚れが詰まった毛根を再生するためにも、抜け毛や薄毛の対策として私がぜひオススメしたいのは、頭皮マッサージです。

人の毛髪というものは、平均で約10万本あります。頭皮では常に皮脂分泌がさかんに行われているので、毎日しっかり汚れを落とさないと、皮脂や汚れはどんどん毛穴に詰まっていきます。

毛穴が詰まると、頭皮の血流も滞《とどこお》ります。そして髪の成長も遅くなって「薄毛」になったり、「抜け毛」が増えるというトラブルにつながっていくのです。

毎日シャンプーをしているから大丈夫、と思っている方も多いと思います。

しかし頭皮からは全身の皮膚の何倍もの皮脂が分泌されていますので、普通にシャンプーしただけでは、頭皮の汚れまできれいに落とすことはできません。そこでシャンプー前に頭皮マッサージをしましょう。

頭皮をゆるめ、頭皮の血行をよくして毛穴を開けば、汚れが落ちやすくなります。

頭皮マッサージはぜひ、夜の入浴タイムなどに実践してみてください。次ページで、手順を説明していきますね。長い時間をかける必要はありません。長くても5分を目安にしてください。

1．首や肩を揉む

まず湯船などにつかりながら、首や肩などを軽く揉《も》んでおきましょう。からだもリラックスできますし、その間に皮脂が分泌され、そのあとのシャンプーの効果が高まります。

2．こめかみをマッサージする

まずマッサージするのは「こめかみ」です。親指のつけ根のふくらんだ部分をこめかみにあて、目がつるくらいに力を入れて引っ張り上げてください。

そしてそのまま力を入れて上に引き上げ、ゆっくり後ろに向かって手をクルクルまわしながら、側頭部をマッサージしてください。

3．頭のてっぺんのツボを押す

その次は、頭のてっぺんのくぼみ・百会《ひゃくえ》のツボを刺激します。左右どちらかの親指第一関節を軸に、真下に向かってグーッと指圧します。

4・指でトントンと頭皮をたたく

そして頭頂部から頭全体を刺激していきます。両方の手を頭の上にあげ、10本の指でトントンと頭皮をたたいていきます。なるべく力を抜くようにしましょう。

5・指の腹で頭全体を刺激する

さらに頭全体を刺激します。髪の中に手を入れて、地肌に指の腹をあててください。その指先に力を入れて、同じところで円を描くようにゆっくり動かします。1か所につき3～5秒が目安です。

少しずつ指の位置を変えながら、頭全体をマッサージしていきましょう。そして10本の指の腹で頭皮をつまむような感じで、力を入れてパッと離します。それを5

〜6回繰り返します。

6．首のつけ根をマッサージする

頭皮マッサージが終わったら、首のつけ根をほぐして終了です。あごを下げて両手を組み、後頭部にあてて、バネのように動かしながら、親指の腹を使って首のつけ根をグーッと押します。息を吐きながらゆっくり力を込めて押してみましょう。

そして親指で、首のつけ根から耳の後ろまでを指圧します。少しずつ場所をずらしながら、行ってみてください。

この頭皮マッサージが終わったら、シャンプーです。

シャンプー剤を髪につけたら、再び指の腹を使ってマッサージするような感覚で、揉みだすように頭皮をていねいに洗っていきましょう。

すすぎ残しによる、頭皮や髪のトラブルも結構多いのです。3〜4分くらいかけて、しつこいくらいにすすぐことが大切です。

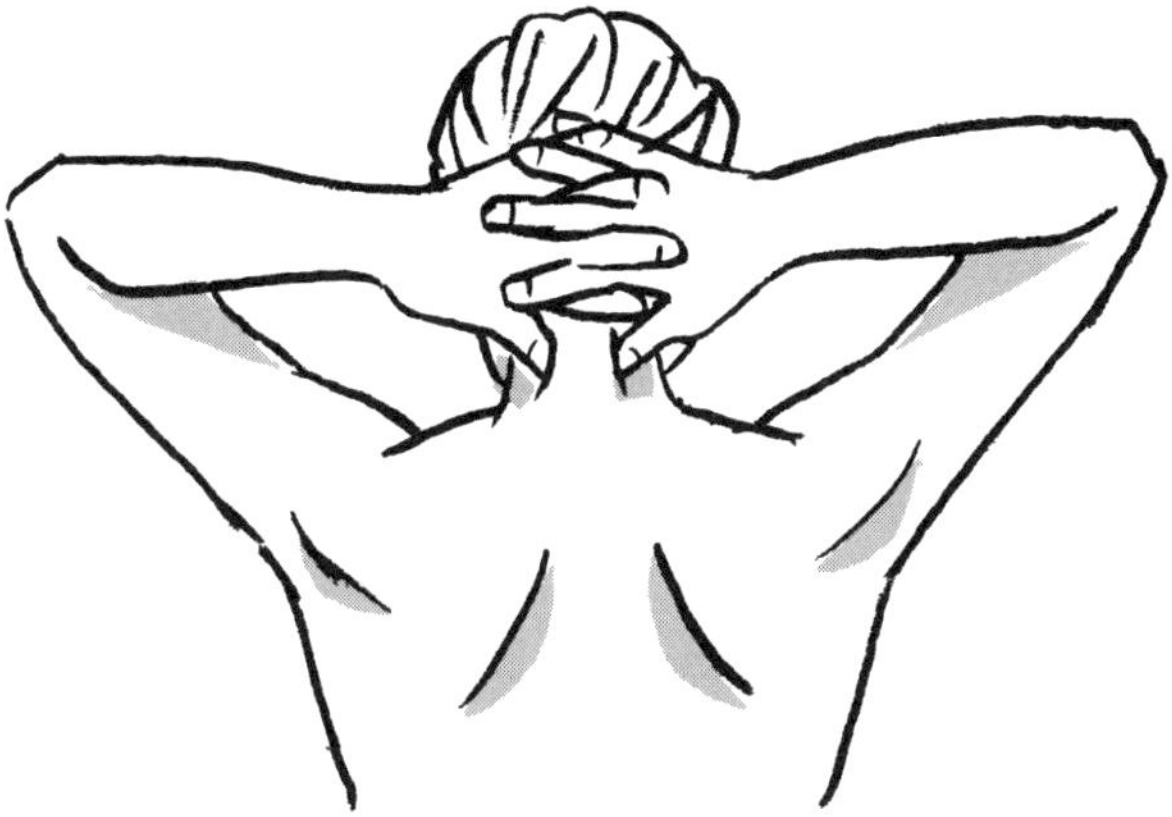

▸首の付け根をほぐす

髪が薄くなってくると、「これ以上、髪が抜けたら大変」と思って、ブラッシングやマッサージなどは、できるだけしないという人が案外多いのです。

そういう人は、シャンプーも、ササッとすませてしまいます。

そのために、さらに毛根に脂が残って、また抜け毛が増えるという悪循環にはまってしまうのです。

1日に50本から100本の髪の毛が抜けたとしても、心配いりません。成人であれば、10万本の毛髪が常に新陳代謝しているのです。

髪は抜けて、また新しい髪が生えてきます。

枯れた花に水をやるより、枯れた花のあとに芽を出させることが大事です。

芽が出る秘訣は、汚れを取って、血行を促すこと。それには、シャンプーやブラッシング、マッサージをきちんとする、そのひと手間を続けていくことです。

頭のコリを取って、心もからだもスッキリさせる

東洋医学においては、頭部はツボの宝庫です。ツボを刺激すると血液やリンパの流れがよくなり、頭皮や髪の毛はもちろん、全身の不調が改善されていくと言われています。

特に頭皮マッサージの中でご紹介した「百会」のツボは、からだ中のエネルギーの流れを調整する場所と言われています。

百会は、頭のてっぺんのくぼみ。両耳の頂点の延長線と眉間の中心の延長線が頭上で交わるところにあります。

もし日中でもからだの疲れや目の疲れを感じたときは、この百会のツボをグーッと

刺激してみましょう。

ここを押してコリを取ると、からだ全体のバランスが整い、頭もからだもスッキリします。自律神経の失調にも効果があると言われていますから、心身ともにリラックスできるでしょう。

ストレスや疲れがたまってくると、頭皮もガチガチにコリ固まり、頭皮の血行だけでなく、顔の血行もリンパの流れも悪くなってきます。

このような負の連鎖を生まないためにも、百会のツボは気づいたときに、ちょくちょく押すようにしましょう。

頭皮にも「温冷ケア」で刺激を与える

ホットタオルを使った「温冷美容」は、頭部にも使えます。

ホットタオルで温めることで頭皮の毛穴が開き、皮脂・汗の分泌が促されますし、血行がよくなるので頭皮の状態もよくなります。

この「温ケア」を行ったあとに霧吹きで「冷ケア」をすると、毛穴がキュッと引き締まります。

毛根へのよい刺激にもなりますので、頭皮をさらに良好な状態に導くことができるのです。

具体的なやり方を説明しましょう。

●用意するもの

薄手のフェイスタオル3枚、中に氷水を入れた霧吹き

1．頭皮の温ケア

フェイスタオル3枚のうち、2枚を水に濡らして絞ります。それを耐熱皿にのせて電子レンジの中に入れ、1分ほど温め、ホットタオルにします。

そしてタオルを縦半分に折って、頭の後ろから巻き、額の上で重ねて、一方を内側に折りこんで留めます。頭全体を温湿布するようなイメージです。

次に2枚目のタオルも同様に、上から二重に巻きます。熱さが冷めないよう、素早く行うのがコツです。3枚目のタオルは保温のために、乾いたまま、さらに巻きます。

▶頭皮の温冷ケア

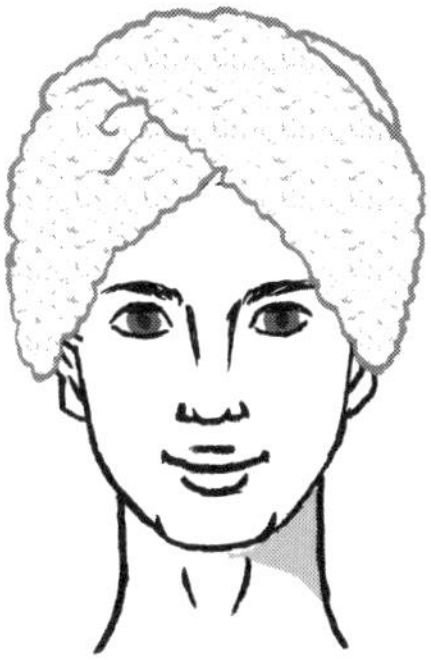

1. まずは温ケア
   蒸しタオルを頭の後ろから巻き、額の上で重ねて、
   一方を内側に折りこんで留めます。
   次に2枚目のタオルも同様に、上から二重に巻きます。
   3枚目のタオルは保温のために、乾いたまま、さらに巻きます。

2. 次に冷ケア
   頭皮が温まったらタオルをはずして、あらかじめ氷水を
   入れておいた霧吹きで頭にスプレー、一気に頭を冷やします。
   髪の毛が薄くなりがちな頭頂部も忘れずに。

2．頭皮の冷ケア

頭皮が温まったらタオルをはずして、あらかじめ氷水を入れておいた霧吹きで頭にスプレーをします。そして一気に頭を冷やします。

髪の毛が薄くなりがちな頭頂部も忘れないようにスプレーしましょう。これをすると毛穴が引き締まると同時に、毛根まで冷えてよい刺激になります。

私自身、この頭皮の温冷ケアはもう何十年も続けています。

冷ケアが終わって少しすると、頭皮がポカポカとしてとても心地よくなってきます。温かくしたあとに、冷たくして、という刺激はやはり頭皮にも必要なようです。

おかげさまで私の髪は、84歳になった今でもコシがあって元気です。

落ちにくい汚れはオイルで一気に取り去る

ここでもう一つ、私のオススメケアをご紹介したいと思います。

それは「オイルケア」です。

これはオイルマッサージと温ケアを組み合わせて行います。使用するのはオリーブオイルや椿油、ホホバオイルなど、天然のオイルです。

これらのオイルは人間の皮脂と組成がよく似ているので、皮脂の汚れとよくなじむ性質があります。そのため、頭皮マッサージやシャンプーでは落ちなかった汚れも取り去ることができるのです。

これもできれば月に1回くらいトライしていただくといいと思います。

●用意するもの

オイル（オリーブオイル、椿油、ホホバオイルなど）、薄手のフェイスタオル２枚、バスタオル１枚、シャワーキャップ、シャンプー、ドライヤー、ブラシ

1．オイルを頭皮に広げる

オイルを少しずつ指にとって、頭皮全体に広げていきます。オイルが頭から垂れてこない程度に広げてください。

2．オイルをなじませる

頭皮全体にオイルが広がったら、指の腹で頭皮をマッサージしながら、頭皮になじませていきます。

特に皮脂がたくさん分泌される頭頂部と、汚れがたまりやすい額の生え際、うな

じなどはていねいに。毛穴から汚れを揉みだすようなイメージで行ってください。

3．ホットタオルで温める

フェイスタオルを2枚、濡らして絞り、耐熱皿にのせて、電子レンジで1分程度温めます。温めたタオルを縦半分に折り、頭の後ろから包むように巻きます。

そして額の上で内側に織り込んで留めます。温めたもう1枚のタオルも同じ要領で素早く頭に重ねて巻きます。

4．シャワーキャップでさらに頭皮を温める

タオルを二重に巻いた上にシャワーキャップをかぶり、さらに頭皮を温めます。これを行うとスチーム効果で毛穴が開き、汚れが浮き出てきます。

5・バスタオルを巻く

さらに保温効果をアップするために、シャワーキャップの上からバスタオルで頭を包んでください。

この状態で5〜10分すると、毛根までオイルがしみこみます。タオルを何枚も頭に巻いていますから、首が疲れないようソファなどでリラックスしてください。

6・シャンプーで2度洗い

タオルとシャワーキャップをはずし、シャンプーでオイルと汚れを落としましょう。1度目は頭全体を揉み洗い。髪にオイルがたっぷりしみこんでいますから、泡はそれほど立ちませんが、あまりゴシゴシ洗うのはやめましょう。

そして2度目のシャンプー塗布。2度目は頭皮を指の腹でマッサージしながら洗います。そのあとよくすすいで、溶けだした毛穴汚れとともにオイルをスッキリ洗い流しましょう。

►頭皮のオイルケア

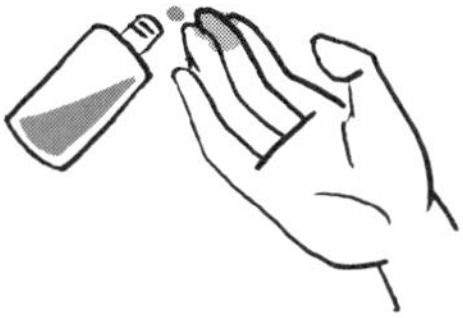

1. オイルを頭皮に広げる↘

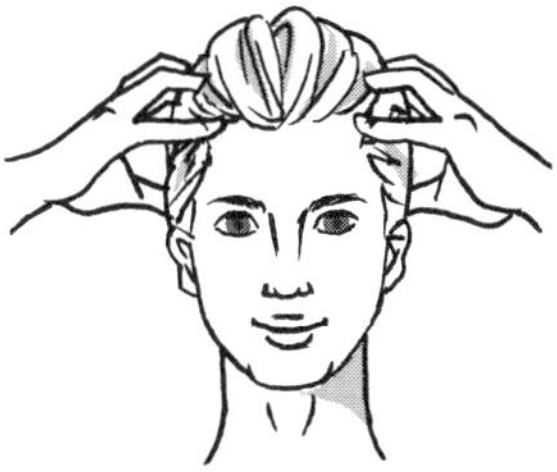

2. オイルをなじませる↙

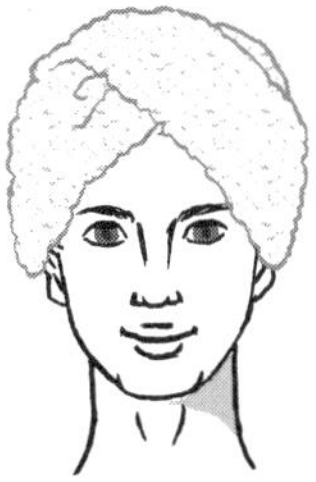

3. ホットタオルで温める

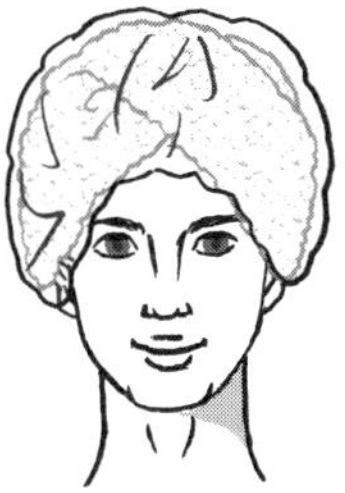

4. シャワーキャップで
さらに頭皮を温める

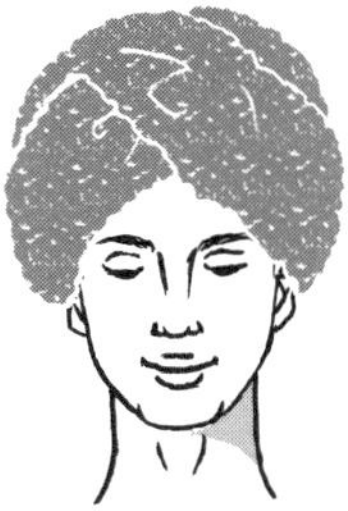

5. バスタオルを巻く

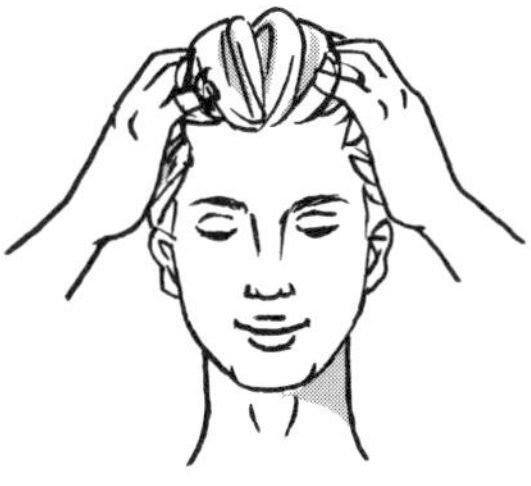

6. シャンプーで2度洗い

7．仕上げ

オイルで髪はしっとりしていますので、コンディショナーをする必要はないでしょう。タオルで髪の水分を拭き取ったら、ドライヤーで頭皮を乾かして仕上げましょう。そして最後にブラシで髪を整えてください。

これは家で行う「スペシャルエステ」です。

毛穴汚れを取り去り頭皮を健康に保つことは、顔のたるみ改善にもつながります。なぜなら頭皮と顔の皮膚は1枚につながっているので、頭皮がたるんでこないようにすれば、なだれのように顔がたるんでくることもないのです。

10万本もの頭髪を生み出す土壌を豊かにすることでもあります。

オイルケアで、健康な頭皮とツヤのある髪とハリのある肌を守っていきましょう。

男らしさをアップさせるヒゲの手入れ

ヒゲを生やしていらっしゃる方には、ぜひ、ヒゲのツヤを大事にしてほしいと思います。ツヤがあるヒゲは健康的で、男らしさをアップさせます。でもツヤのないくたびれたヒゲは、顔を老けて見せるだけ。

ヒゲの生える部分というのは、顔の中でも皮脂分泌がさかんなところです。毛穴に皮脂がたまって悪臭を放ったり、元気でつややかなヒゲが生えてくるのを阻害されたりしないよう、洗顔時には毛穴のお掃除を意識することが大切。ヒゲまわりは、ヒゲの根もとに指先をあてるように、ていねいに洗いましょう。

前章でもお話ししましたが、洗顔は必ず〝ぬるま湯〟で行って、ヒゲの「生育環境」をよくしてあげてください。

そして肌への刺激をやわらげるため、シェービング剤をきちんと塗布してから、シェービングしましょう。

シェービング後は肌が乾燥しないよう、顔に乳液をきちんとなじませて。ヒゲまわりの肌がカサカサしていると、とても目立つものです。ヒゲの「ツヤ」とそのまわりの肌の「うるおい」をキープできる人が、ヒゲを〝自分の顔のアクセント〟として扱える人です。

無精ヒゲで勝負というのは、俳優でもなかなかできることではありません。

第4章

コンプレックスを克服する

――知っておきたいベストバランス

男の顔は眉毛で決まる

「眉毛で、こんなに変わるのか?」

美人の女優でも、眉毛が変わると印象が驚くほど変わります。

メイクアップアーティストからすれば、その描き方で、やさしい顔にもなれば、厳しい顔にもなります。

太い眉は、それだけで強い印象を与え、細く薄い眉は、印象も薄くなりがちです。

これは女性に限りません。むしろ、メイクをしない男性こそ、眉毛で顔が決まるといってもいいほどです。

意識の高い男性は、そのことがわかっていて、自分で眉毛を整えている方もいらっしゃいますが、整え方を間違えている方も少なくありません。

まず、眉は、抜きすぎたり、剃りすぎたりしないように注意しましょう。

ヒゲの手入れで、毛根のお掃除が大切だとお話ししましたが、眉も同じです。

頭髪をブラッシングするように、眉毛も、眉毛用のブラシで梳《と》かすことで、根もと（毛根）の皮脂や汚れを取り除いて、ツヤを出すこともできます。

眉毛の流れ（毛流）にそってブラッシングしていきますが、毛流とは逆に、逆撫でするのも効果的です。

眉毛は、子どもがクレヨンで描けば「1本線」ですが、実際はそうではありません。

眉頭は上に向かって生え（↑）、右眉なら、真ん中は外側に向かって斜め上（↗）、そして眉尻は下がっています（↘）。

眉頭（↑）と真ん中（↗）の上昇線を強く出すことで、「強気」「元気」を表現できます。眉尻（↘）の下降線が強いと「悲しげ」「寂しげ」にも見えますが、愛嬌のある顔にもなります。

上昇でもなく、下降でもない「水平線」の眉毛は、ミステリアスな印象を与えます。

もともと眉毛には、汗などが目に入らないよう、目を守る機能として、その役割がありますが、見た目には、喜怒哀楽（感情）を表すものでもあります。

眉をつり上げれば、怒っている人の顔になり、眉をへの字に下げれば、表情は穏やかになります。

いつも笑顔でありたい、という人は少なくないでしょう。けれど、ビジネスをしていると、そうとばかりは言っていられないこともあります。

相手の信頼を得るために、キリリとした印象を強く出さなければならないシーンもあるわけです。

眉毛を少し整えるだけで、そんな演出が簡単にできます。

顔も印象も、ちょっとしたことで変えられます。

それによって、仕事やプライベートも変わっていきます。

▶眉毛のブラッシング

毛の生え方を見て、
専用のブラシでブラッシング

眉毛のベストバランスを知る

男性の場合、前髪をおろしている方は少数派。多くの方が、髪を後ろに流していらっしゃると思います。

額が全開だと、やはり眉毛の形がかなり目立ちます。そこでここではバランスのいい眉毛の整え方や、育毛についてお話ししておきたいと思います。

眉毛は「眉頭」「眉山」「眉尻」の位置によって、見た目の印象がずいぶん変わります。最初に覚えていただきたいのは、ベストバランスと言われている眉毛の整え方です。

眉毛の一番内側を「眉頭」というのですが、「眉頭」は目頭の真上にあるといいと言われています。わかりにくい方は、ここからは短い定規などを顔にあてて、位置を確かめていってください。

眉は「眉頭」から始まり、顔の外側に向かって山を描くように上昇線を描いていきます。

そして眉毛の一番高いところが「眉山」と言われているのですが、この「眉山」は自分の黒目の外側の真上に来ているようにしたほうがいいのです。

「眉山」がてっぺんですから、このあとは下に向かって下がります。一番下がったところが「眉尻」ですが、「眉尻」は小鼻と目尻を結ぶ線の延長上にくるのがベストと言われています。

どうでしょう。ご自分の今の眉毛の形は、このオーソドックスな眉の形と近いところにありますか？

「眉頭」が目頭よりも内側に入っていると、顔はしまり、凛々しい印象になります。

しかしこれがあまりにも内側に入りすぎていると、眉間のシワも深くなり、気が強く、厳しい印象を人に与えてしまうので、気になる方は自分で少しカットされたほうがいいと思います。

また反対に「眉頭」が目頭よりも外側にあると顔は穏やかで、のんびりした印象になります。

しかし「眉頭」が目頭よりも外側で、左右の眉頭の間があまりにも開きすぎていると、とても間の抜けた印象になってしまうこともあります。

年を重ねてくると、たまに眉毛がぼうぼうに垂れ下がっている方がいらっしゃいますよね。

これは加齢により眉毛のターンオーバー（生え変わり）が遅くなって、抜けなくなってきていることが原因です。

眉毛には〝もうそろそろ抜けるべき毛〟があり、その毛の奥には〝次に生える準備をしている毛〟があります。そしてその奥にはさらに〝次に生える準備をしている毛のタネ〟のようなものがあるのですが、からだが老化してくると眉毛は抜けるのを忘れて、そこにとどまってしまうのです。

また逆に、年齢とともに眉毛がどんどん抜けて薄くなってしまう方もいます。古い眉毛が抜けたにもかかわらず、新陳代謝が落ちているために、次の毛が生えてこないのです。こういった場合は、いまは男性用の眉毛育毛剤などもありますから、育毛剤を使って毛根を刺激して、新しい眉毛が生えてくるようケアしてあげましょう。

いずれにしても、眉毛の生え変わりを促すのに一番の方法は、眉毛用のブラシなどで眉毛をブラッシングして刺激を与えることです。

まずは眉毛の毛流れを整え、次に眉毛の流れとは逆の方向に、眉毛を梳かしていきます。そうすると古い眉毛とともに眉毛まわりの古い角質などもポロポロと取れて、次の新しい眉毛も生えてきやすくなるのです。

「眉毛をブラッシングするなんて、考えたこともなかった」

という方は多いでしょう。ヒゲを剃らない男性はいないと思いますが、眉毛のことは「どうしていいかわからない」ということがあるようです。

でも、そのまま放っておいたら、いつのまにか眉毛が仙人のように伸びていたり、反対に薄くなっていたり、ということになってしまうかもしれません。

さあ、眉毛用のブラシを用意して、自分の眉毛をじっくり見てください。

まだまだ元気な眉毛であれば、もっといい眉毛にしていきましょう。

もしも、「すでに薄くなっている……」「なんか脂ぎっている……」という場合でも、いまからでも間に合います。

何もしない眉毛より、手をかけてあげる眉毛のほうが、どんどん元気になっていきますよ。

洗顔法を変えて、「悪代官顔」を払拭《ふっしょく》する

年をとると、何もかもが下がっていくような感じがします。

お腹や胸のあたりの贅肉《ぜいにく》、頬やあごのあたりも、以前と比べると垂れてきます。

地球には引力があることを実感させられるわけですが、目もとのたるみも、加齢とともに目立ってしまう方がいます。

時代劇などで「おぬしも悪よのう」という悪代官の顔は、下まぶたのたるみを強調させて、その「悪ぶり」を表現します。

そんな顔になっては、それまでのキャリアが台無しです。

「この人は悪そうな人だ」「陰険な面があるんじゃないか」「自分をだまそうとしてい

るかもしれない」というような印象を与えてしまう恐れがあるからです。

そんなふうになりたくないと思っても、すでにその兆候がある、という方もいるでしょう。

目もとのたるみが気になる男性に私がいつも申し上げるのは、「目もとの洗顔法をいますぐ変えてください」ということです。

洗顔方法を変えるだけで、目もとのたるみが目立たなくなっていきます。

あなたは顔を洗うとき、顔をゴシゴシこすっていませんか。

目のまわりも構わず、頬や口まわりと同様に洗っているとしたら、それこそが目もとのたるみの原因です。

顔の中でも、目もとは特に皮膚が薄くて、敏感な部分です。

それだけでなく、骸骨《がいこつ》を見てもわかるように、目のまわりには骨がありません。つまり、支えがないのです。その分、たるみやすくなっているというわけです。

若い人の目にたるみがないのは、目のまわりの筋力がしっかりしているからです。

筋力は加齢によって落ちていきます。目のまわりも例外ではありません。悪代官の顔になってしまうのは、目のまわりの筋力の張りがおとろえてしまうからです。

洗顔のときでも、手でゴシゴシこするようなことは絶対にしないでください。上下にこすればこするほど、目もとはどんどんたるんでしまいます。

目もとは、たっぷりの泡でクルクルとなで洗いするくらいでよいのです。

水をジャブジャブ出してゴシゴシ洗っていると、皮膚は重力に引っ張られて下がってくるだけ。

ぜひ、いままでの洗顔のクセを変えてみてください。アイクリームなどでケアを始めるのは、それからで十分です。

聞くこと、話すことで、口角が上がる

話をしていて、楽しい人もいれば、それほどでもない人もいます。

何かの話題が出たときに、それに対して話せると、その場が盛り上がります。

あなたはふだん、どんな話し方をしていますか？

あなたと話している人は、どんな表情をしているでしょうか？

楽しそうですか？　つまらなそうですか？

もちろん、その時々で、または相手によって、状況はまちまちでしょう。けれども、ビジネスの場では、できるだけ相手の笑顔を引き出せたほうが有利なのは言うまでもありません。

相手の笑顔を引き出すには、まず自分が笑顔になることです。

そして、相手の話をよく聞くことです。というより、よく聞き取ることだと、私は思っています。

相手が何を言っているのか。それを聞き取ることです。

人によっては、何を言っているのか、よく聞き取れないような話し方をする人がいます。そのときに、いちいち「すみません、もう1回言ってくださいますか？」と言っていたら、話は一向に盛り上がっていかないでしょう。

人の話を聞く場合にはコツがあります。

まずは一生懸命に聞くこと。次に相手の話し方に慣れることです。

そうすれば、相手の話がわかるようになります。

「初対面の相手では慣れようがありません」という方もいらっしゃるかもしれません。

たしかに、その通りです。

だから、ふだんから、いろいろな人と話をする機会をつくることが大切なのです。

私も〝よく聴こえる耳〟を持っていますが、それは毎日、常に複数の人たちと会話を交わしているせいではないかと思います。

私は若い人たちの話を聞くのが大好きです。

いま流行しているもの、いま人気がある人、ＳＮＳの便利な使い方、若い世代のファッション、メイク……さまざまな生《なま》の情報に刺激を受けるので、とにかく聞き役に徹することが多いのですが、それがどうやら、私の聞く力を養ってくれているように思うのです。

人の話を聞き、質問をするということは、脳をフル回転して行うことです。日々のおしゃべりは、きっと脳の活性化にもつながっているのではないでしょうか。

「話を聞きたいと思っても、相手の人が話をしてくれない」という方がいます。

そういう人に話をしてもらうには、どうすればいいでしょうか。

それを考えるには、相手の立場になってみることです。

あなたなら、どんな人になら話をしたいと思いますか？

逆に、話をしたくないと思う人はどんな人でしょうか？

せっかく話をしても、聞いているのかいないのか、反応がまったくないような人には、「話をしてもしょうがない」と思うのではありませんか。

私は、「相手を雄弁にさせる顔」というのがあると思っています。

「その話、もっと教えて！」という気持ちが表れている顔は、相手に、とてもキュートな印象を与え、男性でも女性でも、その好感度は高くなります。

具体的には、口角が上がっていて、目がキラキラと見開いている、好奇心がいっぱいの顔です。

そんな人には、もっと話をしたいと思うのではないでしょうか。

年を重ねていくと、若い人や新たに出会った人と話をするのが面倒になりがちです。

でも、それでは自分の世界を狭《せば》めるばかりです。

世界が広がると、また新しい出会いが生まれます。

話を聞く機会も、自分が話をする機会も増えます。

独り暮らしの友人が、週末に家にこもっていると、週明けに人と会っても声が出にくいと言っていました。からだの機能は使わないと、衰《おとろ》えてしまうということがあります。

話す機会が少なくなれば、口もとの筋肉も衰えてしまいます。口角は下がり、口も開けにくくなるということがあるのです。

口角を上げて、いつでも、誰とでも、話を聞く機会、話をする機会を積極的につくっていきましょう。

あごをたたき上げて、ブルドッグ顔を防止する

「このあたりがブルドッグのようになってしまって……」

あごのあたりをさすりながら、ため息まじりに言われたのは、今年52歳になられた男性でした。

50歳を過ぎると、顔のたるみに悩む方がとても多くなるように思います。「まだ40代だから大丈夫」と思っているあなたにとっても、他人事ではありません。

年齢とともにどうしても、顔の肉は下へ下へと下がってきます。

「二重あご」という言葉がありますが、二重あごは何もあごの先端部分だけが厚くなってくるわけではありません。耳に近いところから、お肉がブルンとたるんでくるので

す。

フェイスラインが下にたるんでこないようにするには、「あごたたき」をして、ブルドッグ顔を予防することです。

---

① あごを両手の平ではさみ、あご先から耳のほうに何回か引き上げてみましょう。
② そして両手首の力を抜いて、手の甲であご下をたたき上げてみましょう。上へ上へ、ピンピン音が出るくらいにたたいてください。右の手の甲で片方の耳下から反対側の耳下まで行ったあと、今度は左の手の甲で同様にたたいてください。

重力に引っ張られて下がってくるものを一生懸命引き上げて、〝垂れ下がりのクセ〟をつけないようにしましょう。

あごはどれだけケアしているかによって、たるみ方がまったく変わってきます。

不機嫌そうな顔を朗《ほが》らかに変える

人間は加齢とともに皮膚がたるんでくるばかりでなく、筋肉も老化してどんどん硬くなってきます。そうすると口もとをちょっと動かしたくらいでは、笑顔に見えないことも多くなります。

ふだんから、笑顔をつくる筋肉を鍛えておくようにしましょう。

私が実践しているのは、いつでもどこでも「い」と発音する口をつくることです。「い」と発音すると、口角がキュッと上がるでしょう？　そのあとすぐに普通に口を閉じてください。

そしてまた「い」と発音して、口角をキュッ。これを2秒くらいずつ繰り返してみてください。

これは口角を上げる「口角挙筋《こうかくきょきん》」が衰えないようにするための筋トレ。名づけて「小林照子流『い』のマウストレーニング」です。


これは毎日何回しないといけないなどという決まりはありません。

通勤中のちょっとした時間や、ランチのときなどに行ってもかまいません。重要なのは「い」と発音する口の形ですから、声に出さなくてもいいのです。これならオフィスでパソコンを操作しながらでもできますよね。

「口角挙筋」を意識的に鍛えていると、滑舌《かつぜつ》もよくなってきます。口もとの筋肉がよく動くから、明るくて聞き取りやすい声が出るようになるのです。

口もとが動かないとボソボソ声の暗い印象を他人に与えてしまいがちです。

周囲に「朗らかな人」という印象を与えるためにもぜひ、このトレーニングを始めてみてください。

以前、とても堅い職業の方にこのトレーニングを指導させていただいたのですが、その方は「い」と発音する口の形をつくるだけでも「ああ、もう顔が疲れる」とおっしゃっていました。

お仕事上、あまりニコニコしてはダメ。でもその方は、ふだん自分があまりにも顔の筋肉を動かさないので、「もう使えなくなってしまうのでは……」と心配になって、私のもとに来られたのです。

ふだん使っていない筋肉は、そう簡単に動かなくて当たり前です。

まずは小鼻横から口角にかけてをクルクルと軽くほぐしてから、トレーニングを始めてもいいと思います。ゆっくりでかまいませんし、初めのうちは2〜3回行うくらいでいいのです。

毎日トレーニングしているうちに、スムーズに口角が上がる感覚がつかめるようになるでしょう。

口角の上がった明るい顔、そして明るい声は、人とのコミュニケーションも円滑にしてくれます。

人間の顔は口角が下がっているとどうしても〝不満そうな顔〟に見えてしまうので、人が近寄りがたくなってしまいがちです。

でも口角の上がった笑顔は〝機嫌のいい顔〟に見えますから、人も話しかけやすいのです。

このトレーニングをしてから、家族や親しい友人と会話をしてみてください。

もしかしたら、「ふだんと違う」あなたに、相手の方は戸惑うかもしれません。

それほど、いつものあなたは不機嫌な顔をしていた証です。

でも、機嫌のいい顔は、相手との距離を縮めてくれます。

きっといつもと違うコミュニケーションを楽しめるはずです。

「じつは、こんなことをしたいと思っているんだ」

「最近、こんな面白い体験をしたよ」

相手の話を聞くだけでなく、あなた自身も、ふだんならできないと思っているような話をすることもできるかもしれません。

それがまた、いいコミュニケーションになっていきます。

私はよく「いつも機嫌がよさそうですね」と言われるのですが、毎日機嫌がよさそうに見えたほうがたくさんの人とコミュニケーションがとれて楽しいかなと思っています。

●いくつになっても、機嫌が悪そうに見られないこと
●いくつになっても、偉そうに見られないこと

この二つは、本当に大切なことですよ。

唇がカサカサでは恋も始まらない

女性の唇に魅力を感じるという男性は多いでしょう。

女性のほうでもそれをわかっていて、ぷっくりとしたツヤのある唇を維持《いじ》するべく唇のケアを心がけている方は少なくありません。

それに対して、男性のほうは、「自分の唇はそれほど意識したことはなかった」という方も多いのではないでしょうか。それでも、空気が乾燥すると、カサカサになった唇が割れて血が出てしまうということがよくあります。冬にはリップクリームが必需品、という男性も増えています。

皮膚と違って、唇には皮脂腺も汗腺もありません。皮膚よりも非常に薄く、外気の影響も受けやすいのです。唇がカサカサしているなと感じたときは、日中はリップクリームをこまめに塗って、唇に油分を与えて保護するようにしましょう。

そして夜、お風呂上がりにオススメしたいのが「唇エステ」です。

「男がエステなんて！」などと言ってはいけません。エステティックは「美学」。男性こそ、この美学が必要だと思って、私は本書を書いています。

それに、「唇エステ」は簡単です。

リップクリームを塗ったあと、その上にラップをのせて1～2分おきます。

たったこれだけ。ラップをすることで、唇に蓋《ふた》をする形になりますから、リップクリームの水分・油分は、そのまま唇の中に入っていきます。そうして、カサカサ唇から脱出することができるのです。

いくつになっても、色気のある男性は女性にとって魅力的に映ります。

唇が乾燥して割れていては、どんなに素敵な男性でも台無しです。唇を保湿して、恋でも始めてみませんか。

第5章

見られている自分を意識する

―女性に嫌われない身だしなみの基本

女性たちは、あなたのどこを見ているか

「どうせ、女性たちからは相手にされていない」

そう思ったところで、男としての人生は終わってしまいます。

「どうせ」というのは、悪い意味での「魔法の言葉」で、それを口にしたとたん、まるで呪いがかかったように、あなたからラッキーを遠ざけてしまうのです。

どんなときにも、「どうせ自分なんて」などと言わないでください。

人間にとって一番大事なのは「自信」です。

自分なんてカッコよくないし、たいしたことないし……と思っている人はやはり自信のなさが外見に現れてきます。

他人の顔色をうかがうようなまなざしが定着している人、自信のなさの反動で、肩書や権威ばかりを強調して威張る人。「自信のなさ」の出方は本当に人によってさまざまです。

女性は、じつはその部分をシビアに見ているものです。仕事でもプライベートでも、自分に自信がない人についていくのは心配ですものね。

●しっかりと地に足がついている人
●多少のことではオタオタあわてない人
●身だしなみに気をつかう、心に余裕のある人

女性が信頼を寄せるのは、こういう男性たちです。
「身だしなみ」といっても、別にお金をかけて自分をきれいにする必要はありません。
女性が求めているのは「お金の力できれいに見せている男」ではなく、「自分の力で身

ぎれいにしている男」です。

どんなときでも〝いつも通り〟で、どんなときでも〝身だしなみに気をつかう、心に余裕がある人〟は、他人に安心感や信頼感を与えます。

そういう人のもとには、自然に人が集まってきます。それは長い人生を生きていく上で、どれだけ大切なことか。

そう考えると、毎日のケアにも少し力が入りませんか。

ブランドの力に頼りすぎない

いまの50代の方たちが10代、20代の頃は、まだバブルの時代でした。当時はブランドものが大流行で、それこそ、ブランドものでなければ意味がないほどだったような気がします。

そんな空気感が、自分ではそれほど意識することなく身についてしまって、「とりあえずブランドものを身につけていれば安心だ」と思っている人は案外多いのです。

実際、ブランドというのは品質を保証するものでもあります。

だから、ブランド品を身につけるというのは、きちんとしたものを選んだという点では間違いではありません。

ただし、そのブランド名に頼りすぎてしまっては、せっかくのブランド品も、ブランド品には見えない、ということがあるかもしれません。

ブランド品には偽物もありますが、それが本物かどうかは、身につけている人の品格で決まる、と言ってもいいほどです。

極端なことを言えば、品格のある人が身につけていれば、偽物でも本物に見えるし、その逆もあるということです。

自分をよく見せるためには、まずは身ぎれいにすることが大切です。

こう言うと、〝身ぎれいにすること〟を〝身なりをよくすること〟と勘違いしてしまう人がいます。

「まあ、高級ブランドの服や時計を身につけておけば、それなりの人間には見えるだろう……」と思っているようですが、それは大きな間違いです。

「イタリアの高級ブランドの○○○○のスーツだから、いいもの」

「スイスの高級ブランドの○○○○の時計だから、いいもの」

そんなふうに「ブランドの力」に寄りかかるのは、オシャレとは言いがたいですし、「粋」ではないのです。

もちろん、さまざまなブランドについて知識を持つことはいいことだと思います。

でも、まず大切にしたいのは、自分のスタイルを持つこと。

「こう見られたい」をきちんと決めること。

その上で、自分のたくさんの知識の中から着るものを選んだり、使うものを選んだりして、その選んだものがたまたま〇〇〇〇というブランドであったのなら、カッコイイですよね。

「高いものだから、いい」「有名だから、いい」ではなくて、「自分がいいものだと思ったから、いい」とサラッと言える人は、いくつになってもモテるものです。

ブランドに着られるのではなく、自分自身が着こなす。大人の男性には、その姿勢を大事にしてほしいと思います。

指先、ネイルのケアを怠《おこた》らない

きずな出版の社長の櫻井秀勲さんに初めてお会いしたのは、もう40年以上も前のことです。当時は「女性自身」の編集長で、その後、55歳で独立されて、いまでは著作が200冊を超えるそうですが、女性学ではまさにパイオニアであり、エキスパートです。その櫻井さんが、爪が伸びている男性は、女性にモテないと断言されています。

男性は、その指で女性に触れるわけで、爪を伸ばしていては女性を傷つけてしまうというわけです。それくらいの心づかいができないようでは、女性の心はつかめないし、ビジネスでも成功しない、と櫻井さんは言っておられます。

指先というのは、じつは他人の目につきやすい箇所です。

女性に触れられるかどうかは置いておいても、爪をきれいに整えておくのは、男性としてのマナーと言ってもいいでしょう。

いまはネイルサロンに通う女性は少なくありませんが、男性のためのサロンも増えています。

爪の根もとの甘皮が汚かったり、ささくれが目立つ指だと、名刺交換のときに悪目立ちするものです。そこで、男性にも実践していただきたい、簡単な甘皮ケアをご紹介しましょう。

① ぬるま湯に指先を入れて、甘皮をふやかしてください。

② 甘皮プッシャーなどで甘皮を押して、整えていきます。甘皮はとても薄い皮ですから、ガーゼなどでぬぐうだけでも余分な甘皮はきれいに取れます。
そしてそのあと爪にネイルオイルをなじませておけば、爪も甘皮もうるおって、つややかで健康的な指先のできあがりです。

爪の形を整えたりするのが上手にできなくて……という方は、ときにはプロの手を借りてもいいと思います。

いまは男性ＯＫのネイルサロンもたくさんあります。

「ちょっとケアをしないと、手がガサガサだな」

「爪まわりがひどく荒れているな」

そんなときはプロにケアをしてもらい、これから先のケア方法などについてもアドバイスをもらうのが一番。何もかもを自分でがんばりすぎることはないのです。

話題を広げて、世界を広げる

身だしなみが整っていない人というのは、やはり第一印象でマイナスポイントがつきがちです。

「自分を清潔に見せるということができない人なのかな」

「忙しくて、テンパっているのかな」

と、相手に余分なことを想像させたり、相手に気をつかわせたりすることは、自分で自分のスタートラインを後ろに引き下げているようなもの。

だからこそ私は皆さんに、男の美容ケアを実践して、仕事もプライベートもスムーズに展開してほしいと思うのです。

人との関係を上手に築き上げていくには、スマートな話術も大切です。仕事の場でも、あるいはご近所づき合いや趣味の集まりの場などでも、本題以外は何も話せず、あたふたしてしまう。

そしてあたふたしても結局会話が盛り上がらず、その場がシーンとしてしまう。そんな「シーン」を乗り越えられないと、「機転のきかない人」という印象がつくだけです。

沈黙を生まないようにするには、私は「美容」の話というのはどんな場でも使えるものだと思っています。

男性と話すときであれば、最近どんなケアをしているのか、最近どんなアイテムが評判なのかといったことを自分のほうから話してもいいでしょう。

そして相手の方が話し好きの方であるならば、相手の方にいろいろ質問をしていくといいでしょう。

「洗顔フォームを変えようと思っていて。何かオススメのものはありますか？」
「自分で眉毛を整えるのが苦手で、どこか、いいサロンをご存じないですか？」

相手が女性であるならば、女性たちのケア方法や人気のアイテムの話を話題にしてもいいですね。

そして「美容」の話というものは、「健康」の話にもつなげやすいのです。「健康」の話は男女共通ですから、そこから話を広げていくことができるでしょう。

「肌も髪も『血流』のいいからだじゃないと、老化しますよね。血流がいいからだを守るには、どんなことに気をつけたらいいのでしょうか。何かやっていらっしゃいますか？」

「肌の老化を防ぐ食べ物ってあるのですか？」

「健康」の話はさらに「食事」の話へとつながりますので、話題には事欠かないと思います。

仕事の場でもプライベートの場でも、突然「うっ、話が途切れて困った」というときや、「この人苦手だけれど、何か話さなきゃ」というときはあるものです。

そんなときにこの「美容」↓「健康」↓「食事」という話の展開術をぜひ思い出してください。

話し方のクセを知って改善していく

人は、自分の話し方や声のトーンをじつはよくわかっていないものです。

私も自分が出演したテレビのビデオなどを見ては、「次はこうしよう」と思うことばかりです。

「声がちょっといつもより低い声になっているかしら。次からは、口をもっと開くことを意識して話そう」

「商品の説明のところはもう少しゆっくり話せばよかった。ちょっと早口すぎたかもしれない。次回は気をつけましょう」

終わったことを嘆いても、いまさらどうにもなりません。

なんでも、次。次が大事。次をよくするために、私は自分の話し方をチェックしているのです。

皆さんも自分の話し方を一度スマホやICレコーダーで録音して、チェックしてみるといいと思います。

家族との会話などでもかまいませんし、時間も10分くらいでOKです。録音した声を聞いてみると、じつはふだん認識している自分の声とは違う感じに聞こえたりするものです。

そして自分ではまったく意識していないのに、何回も同じフレーズを使ってしゃべっていたりするのがよくわかります。

私の場合、会話の合間に「でね」を多用しすぎなのが、わかりました。

「それでね、私が彫刻を始めたとき……」

「でね、もう夢中になってしまって……」

「それでね、もう置き場所がないくらい……」

まあ短時間の間に何回、「でね」を繰り返していたことか。

こういう自分の「話しグセ」などは、自分ではなかなかわからないものです。でも仕事関係の話をしているときでも、きっと出てしまっているはず。

ビジネスシーンでのトークはなるべく無駄なく、クセなく、シャープに話したほうが、印象がいいでしょう。

ちょっとトークをブラッシュアップしたいなとお考えの方は、こんな〝プチ録音〟から始めてみてもいいと思います。

またこれは、私は誰にでも言うのですが、電話に出るときは口をきちんと動かして、明るい声で出ることです。

長く働いてくると、会社での電話の受け方が乱暴になったり、「なんで自分が電話をとらなきゃいけないんだよ」とばかりに、暗い声でボソボソ話す方がいますが、それは絶対にやってはいけないことです。

もしあなたが会社で責任ある立場の人であるのなら、なおのこと。

若い人が必ず、あなたのマネをしてしまいますから。

また電話の向こうの方も、どのように思うかわかりませんよ。

悪い印象を受ければ、その悪い噂は必ず広まっていくものです。

つまらないことと思うかもしれませんが、電話の応対がきちんとできない人は、私は絶対に雇いません。

〝話し方〟に気をつかうことは、やはり大切なことなのです。

見せ方、見られ方は舞台の役者に学ぶ

「歩くときにこういうことに気をつけたほうが、セカセカしている人に見えない」

「こういう歩き方にすれば、脚が長く見える」

「こういうポーズで話すと、ちょっと傲慢《ごうまん》でイヤな感じに見える」

などなど、〝自分をよく見せる振る舞い方〟や〝印象の悪い振る舞い方〟に関しては、女性のほうが若い頃から敏感なような気がします。


男性は、〝振る舞い方〟など他人事のように思っている人が多いように思います。

若い男性なら、そんな余裕がないのだろうと大目に見てもらえるかもしれませんが、もうキャリアを積んだ大人の男性には、カッコよくしてほしいというのが女心です。

そこでときどき遠まわしに、

「猫背で歩く姿っていうのは、やっぱりくたびれた感じに見えてしまうのよね」

「ずっとハンカチで汗をぬぐっているのは、汗かきというより〝焦り屋〟に見えるわ」

などと言って、愛のムチを差し上げたりするのですが、皆さん決まって、「そうそうそう」と相づちを打つばかり。

「あの、あなたのことなんですけどね」

そうツッコミを入れたい（黙っていますが）。


「自分の見られ方」「見せ方」に興味がない方には、プロの役者さんの舞台をいくつか見ていただくのが一番いいのかなと最近思うようになりました。

私はメイクアップアーティストとしていままで多くの俳優、女優、ダンサーと仕事をしてきました。そのため、舞台も数え切れないほど鑑賞してきています。

プロの役者さんたちには、その役に合わせて立ち居振る舞いも、印象もまったく変えてしまう力があります。

高貴な役のときは高貴な歩き方、話し方。落ちこぼれサラリーマン役のときはションボリした歩き方、おどおどした話し方。

一人の人間であるはずなのに、役を意識して振る舞えば、まったく違う人物に見える。人間ってこんなに変われるの？　と息をのむくらいに、役者さんたちは七変化し、人の可能性を見せつけてくれます。

なので、もし「振る舞い一つで人間ってそんなに変われるものかなあ」と、疑問に思うところがある方は、ぜひ舞台を観て納得してほしいと思います。

テレビドラマで活躍されている方の舞台なら、ふだんテレビで醸し出している雰囲気とはまた違った顔を見ることができるでしょう。

そのとき、その方は役に合わせてどんな役づくりをされているのか、を見ることが大切です。

笑い方は？　ポーズは？　歩き方は？

その役の性格を表現するために、その方はどういう「見られ方」を取り入れているのか、を研究してみてください。

また自信に満ちた、威厳のある男の立ち居振る舞いを研究するならば、王様や王子様が出てくるミュージカルを鑑賞するのもいいですね。

王には王たる男の姿勢があり、からだつきがあり、話し方があるのです。それをプロの役者さんたちはどのようにつくりあげているのか、を学んでみましょう。

人は振る舞い一つで変われる。

それをぜひ舞台で体感してみてください。

目からウロコなことが、たくさん見つかる機会になると思います。

思い込みを捨てて、一生モテる男になる

以前、大手企業で講演会をしたことがあります。

会場には100人ぐらいいらしたでしょうか。私が話を始めると、後ろのほうに座っていらした女性社員の方々は、リアクションが大きくて、お話のしがいがありました。失敗談のところでは笑い声が上がり、武勇伝のところでは拍手喝采《かっさい》が起こり……という感じです。

一方、気になったのは、前方に座っていらした男性陣です。

40〜50代の管理職の方々が中心ということでしたが、その方々は場がワッと盛り上がるところでも、どなたも表情を変えないのです。皆さん、姿勢よく座って話を聞い

てくださっていたのですが、リアクションがまったくないので、私もどうしたものかと困ってしまいました。

無表情の人に話をするというのは、つらいものです。

「私の話が気に入らないのかしら」と思うほどでしたが、講演終了後、その無表情の一人が近づいてきました。

なにか言われるのだろうとドキドキしていたら、

「感動しました！」

と挨拶されて、私は拍子抜け。「感動は顔に描いてよ」と言いたかったです。

そんな様子を見ていた社長さんが頭をかきながら、こうおっしゃいました。

「いやあ小林さん、すみませんね。うちの男たちは、笑うと自分の品格が落ちると思っているヤツが多いんですよ」

——えっ、笑うと品格が落ちるの？

そういえば、「武士は三年に片頰」という言葉があります。

「男性がいつも笑っていると威厳が損なわれてしまうから、3年に一度片頬で笑うくらいでいい」という意味ですが、武士ならともかく、笑顔を見せたらナメられる？　仕事に支障をきたす？

いえいえ、そんなことはありません。むしろ笑顔がゼロのほうが、仕事に支障が出てくるでしょう。

どんな話題を出しても表情が変わらない人、あるいは表情が変わっていてもわかりにくい人というのは、とっつきにくく話しかけにくいものです。

これではビジネスシーンでなごやかな雰囲気が生まれにくいですし、打ち解けた空気感を共有できないと、ビジネスの進行にも支障が出てきます。

仕事相手と信頼関係の築けない人というのは、結局は「仕事のデキない男」という評価になってしまいます。それでは、あまりにも損です。

デキる男とは、人との関係を上手に築き、いつも人に求められる〝モテる人〟です。そうなるためには、次のことを心がけましょう。

①まずは、いままでの思い込みを捨てること
②身だしなみを整え、どんなふうに振る舞ったら、自分と一緒にいる人たちが喜んでくれるのか、ということに少しだけ気を配ること

年を重ねるほど「いい男」になっていく人というのは「客観的に自分を見る目」と「柔軟な思考力」を持っている人なのです。

第6章

メンテナンスに手を抜かない

――生涯現役を貫く覚悟と準備

体型維持が若さを保つ一歩

中年になって下腹がぽっこり出てきた……ということで悩んでいらっしゃる方がとても多いように思います。

私はよく「いつもどんなダイエットをされているのですか？」「肥満防止のためにどんな運動をされているのですか？」という質問を雑誌やテレビの方から受けるのですが、私自身はじつはダイエットも特別な運動もしたことがありません。

なぜ太らないかということに関しては、私の答えは明確です。

それは「いつも緊張しているから」です。

私は現役の美容研究家であり、メイクアップのプロを育てる学校と、美容に特化した高等学校の経営もしています。もしも私が倒れたりすれば、周囲に迷惑をかけ、会社や学校の信頼を失うことにもなりかねません。少なくとも私は、それくらいの緊張感を持って、毎日を生活しています。この緊張感が、プロの美容家としての私を支えてくれているように思います。

これまで、〝ぽっこりお腹〟とも無縁で来ましたが、この緊張感が大きく影響しているように思っています。

48歳になったら、仕事においても会社においてもベテランの方がほとんどでしょう。知らず識《し》らずのうちに、職場での緊張感が薄れていることがあります。

私は、その余裕が、ぽっこりお腹に表れているのではないかと思っているのです。

それはそれで幸せなことですが、まだ、その余裕を持つのは早すぎます。

80歳を過ぎた私からすれば、あなたは、まだまだどんなことにも挑戦できる年代です。私が独立したのも50代でしたが、いまからでも人生が大きくなっていく可能性があるのです。

さあ、緊張感を取り戻しましょう。

お腹を意識して、背筋をピンと伸ばしてみてください。

これだけで、ぽっこりお腹がへこんだのではないでしょうか。

じつは、ぽっこりお腹の原因は、姿勢の悪さにもあるのです。

私たちのからだは、加齢とともに姿勢を保持する筋肉が衰えてきます。そのために、無意識のうちに前かがみになっていたり、お腹を突き出して歩いたりということがあります。ついつい、ラクなスタイルをとってしまうのですね。

それを意識して、やめるようにしましょう。

「姿勢をよくする」ということは、じつはそれだけでも立派な筋トレになっているように思います。

鏡や窓に映った自分の姿を見て、まっすぐに立っているかをチェックしてください。気づいたら直す。それを繰り返すことで、自然と〝ぽっこりお腹〟も改善されてくるでしょう。

歩くときには、歩幅を大きくとることも意識してください。

歩幅が大きいほうが、筋肉は多く使われます。同じ歩くにしても、活動量を上げることができるのです。それはそのまま、下肢を鍛えるトレーニングになります。

48歳では腰は曲がりませんが、これからの10年、20年を「姿勢」を意識するかしないかで、あなたの生き方までもが変わっていきます。

姿勢のよさは、「老い」からも「病気」からも、あなたを遠ざけます。

そして、そのかわりに、人と仕事をもたらす、といってもいいほどです。

実際に、「姿勢」を意識した生活を始めれば、からだに関する悩みの多くは解決できるのです。

遠近トレーニングで視力の低下を防ぐ

私はふだんメガネをかけて仕事をしていますが、視力低下を防ぐために昔からやっていることがあります。

それは「遠」「近」を交互に見ることです。

仕事の資料を30分くらい読み続けたら、そのあと窓から遠くを眺める時間を持つ。そしてまた仕事の資料を読んで……という感じでしょうか。

あまり長時間同じことをしていると、眼球まわりの筋肉も疲れてしまうでしょう。私は医学的なことは専門ではありませんが、一つの箇所に負担がかかれば、血流も悪くなることは容易に想像がつきます。

そこで私は「遠近トレーニング」を習慣にしているのです。

モノがよく見えなくなってくると、眉間にシワを寄せてモノをジーッと見るようなクセが知らず識らずのうちについてくるようになります。

でも人の顔までジーッと見るようになったら、相手の方だって困ってしまうでしょう。

視力が低下しないように、私は一日の仕事終わりには、窓から星を眺めるようにしています。

東京のど真ん中でも、空に一つ星が見つかれば、そのあと続けていくつも肉眼で見つけられるものです。ストレス解消にもなりますので、ぜひ挑戦してみてください。

自分の臭いで失敗しない

いまの年齢になって気になるのが、加齢臭ではないでしょうか。

最近は、臭いにとても敏感になっています。いまほど消臭剤が売れたことはなかったと思うほどです。

「加齢臭」は１９９９年に、「加齢により体臭も変化する」という概念から命名された言葉で、実際には、男性の場合は40歳代から、「加齢臭」の素となる物質が増加するのだそうです。

また、煙草を吸う人は、吸わない人に比べて臭いがきつくなるということもあるようです。

そのメカニズムは解明されていないそうですが、じつは、私のプロを養成するメイクアップスクールでは、喫煙者は受けつけないことにしています。

メイクアップアーティストは、女優やモデルなど、人様の顔にメイクしていくわけですが、その際、その方に顔をかなり近づけて作業をすることになります。

そのときに、煙草の臭いがしたらどうでしょうか。

男性にはわかりづらいかもしれませんが、触れられる女性にとっては、それだけで気分を害することもありますし、そのことで、仕事の現場が滞るようなことにもなりかねません。

「休憩時間に会社の喫煙室で吸ってくるくらい、いいじゃないですか」と言う方もいるかもしれませんが、いくら気をつけていても、服や髪の毛、なにより煙草を吸ったその指先に臭いは残ってしまうものです。

私の知り合いがエステに行ったときに、エステティシャンの指から煙草の臭いがして、「施術中、泣きたくなりました」と言っていましたが、私に言わせれば、プロがそんなことをしてはならないのです。

私はなにも、煙草をやめなさい、と言いたいのではありません。本当は言いたいところですが、それは、その人が決めることです。

でも、自分の臭いにも敏感になって、ここ一番で失敗しないようにしましょう。

わかりやすい例でいえば、プレゼンのときに、お酒の臭いを残していたら、うまくいくものもうまくいかないでしょう。

煙草の臭いもそれと同じかもしれません。

体臭に話を戻せば、大切なのは、相手に不快感を与えないことです。

ビジネスの場では、それがとても大切になります。

体臭に加えて、口臭にも気をつけましょう。虫歯や歯周病の治療はもちろん、予防にも気をつけたいものです。

歯のケアはプロに任せる

私は、歯はとても大事だと思っています。

仕事をする上で何よりも大事なのは、笑顔です。そして口角がキュッと上がった明るい笑顔の中で一番よく目立つのは、歯です。

前歯が煙草などで黄色く変色していたり、あるいは虫歯に見えるような黒い部分があったりすると、やはりイメージダウンですよね。

虫歯などは当然、デンタルクリニックできちんと治すべきですし、変色している歯はクリニックで「ホワイトニング」をしてもらったほうがいいと思います。

年齢とともに歯肉もやせてきて、歯と歯の間に隙間ができるようになります。すると食事のときに、そこに食べ物もはさまりやすくなってしまいます。

仕事の会食などのときは、食後に手鏡で自分の歯を確認することも大切なこと。食後のコーヒーを飲みながら仕事の話をしているときに相手の方々があなたの顔を見て、

「あ、この人、歯間に鶏肉がはさまっている」

などと思っても、誰もそんなことは教えてくれません。

仕事の相手に気をつかわせないためにも、歯の点検は意識的に行うようにしましょう。

歯間にモノがはさまっていると、口臭の原因にもなります。大人のエチケットとして、歯の見え方にも気をつかうようにしましょう。

のどが乾燥するのは老化の始まり

いい男をめざすなら、自分が子どものとき、あるいは社会人になりたての頃に、カッコよく見えた人を思い出してごらんなさい。

どんな人に憧れましたか？

学校を卒業して初めて仕事をしたとき、上司や先輩の仕事のしかたや振る舞いを見て、「自分もあんなふうになりたい」と思ったのではありませんか？

あなたは今、その人に近づけているでしょうか？

「そんな人はいませんでした。むしろ反面教師ばかり……」という方もいらっしゃるかもしれません。

そういえば私は、しわがれた声で「エッヘーン！」と咳払《せきばら》いをされるのが、とてもイヤでした。

年齢とともに唾液《だえき》の分泌量は減ってきます。

唾液には、口の中をうるおすだけでなく、細菌の増殖を抑えるという働きがあります。その量が足りないと、虫歯や歯周病になりやすく、また口臭もきつくなります。

のども乾燥しがちになり、いがらっぽくなります。それで、しわがれた咳払いとなるわけですが、それが、あなたを一気に、オジサンくさくさせます。それどころが、お爺さんのように思われるかもしれません。

周囲に自分がどんなふうに映るのか、ということにも気を配りましょう。

そして、お爺さんのように思われる振る舞いは、断じてしない。

「のどに引っかかりがあるな」「のどがスッキリしないな」というときには、水を飲むなど、のどをうるおすように心がけることです。

トイレが近くなるのがイヤで、職場や外出先で水分をとるのを控えている方がいらっしゃいますが、40歳を過ぎたら水分補給は不可欠です。

年齢を重ねるほど、からだは外も内も乾燥しがちになります。それを補っていかなければなりません。からだの「外」の肌には乳液や化粧水で、「内」には水でうるおしていくわけです。のどの乾燥だけでなく、血栓防止にもなります。

私は朝起きてから会社に出るまでの間に、約500ミリリットルの水分を摂取しています。会議のときや講演会のときも、のどがいがらっぽくならないように、意識して水を飲むようにしています。一日のトータルでは、2リットルくらいは飲んでいるでしょうか。

のどがいつも乾燥して、咳払いがクセになると、声もだんだんとしわがれてきます。そんなことは自分では気にもならないかもしれませんが、周囲には確実に〝職場のご隠居さん〟的なイメージが広がっていくのです。

小さなことですが、気をつけたいものです。

男性にも起こる更年期をうまく乗り切る

「更年期」というと、女性だけに起こるものと思っていませんか?

たしかに、「更年期」といえば、辞書にも「女性の、成熟期から老年期へと移行する時期」とありますが、老年期へ移行するのは男性も同じです。

まだ「老年」といわれても自分のことではないように思われるかもしれませんが、からだは、もう、その準備に入っているわけです。

女性の更年期は、閉経前後の数年間になりますが、閉経の年齢は個人によって違い、40代前半で迎える人もいれば、50代後半になっても「まだ」という人もいます。いずれにしても、この時期はからだや心が不安定になりやすいので、そのことを男性にも知っておいてほしいと思います。

その上で、自分自身の「更年期」にも目を向けましょう。

更年期は性ホルモンが低下することで起こりますが、女性よりも、男性のほうがゆるやかに下降します。

症状としては、女性の「更年期障害」と同様に、のぼせや動悸、倦怠感、イライラしたり、性欲が衰えたりということがあります。不眠やうつになる方もいて、私の知り合いの男性は、40代後半から50代半ばまで、この更年期障害（正式には、LOH症候群）で治療をされていました。

最近、なぜか気持ちが落ち込みがちになったり、よく眠ることができなくて、夜中に何度も目を覚ましたり……ということがあったら、更年期障害かもしれません。

まずは専門医を受診することが大切だと思いますが、それと同時に、更年期を迎えた自分と向き合うことで、人生を見直すチャンスにしてはいかがでしょうか。

人生100年時代、これからの時間を、どんなふうに使っていくのか。それを考えてみましょう。

「更年期」というものは、いつまでも続くわけではありません。必ず症状が落ち着いてくる時期にたどり着きますから、あまり内向きになって悪いことばかりを考えないようにすることが大切だと思います。

もし気分が落ち込んできたときは一度手を止めて、気分転換を図ることです。いい香りのお茶を飲んだり、数分散歩をして、頭を切り替えること。

同じ姿勢で同じことをグルグル考え続けることが、一番よくないように思います。


「こんなことは一時期のこと。もうすぐ終わる」

そう自分に声をかけてあげてください。

自分を信じる力が強い人ほど、更年期は早く乗り越えられるはずです。

心が落ち着く呼吸法を覚えましょう

自律神経には交感神経と副交感神経があります。

交感神経はからだが活動しているときや緊張したときなどに働く神経、副交感神経はからだがリラックスしているときや眠っているときに働く神経です。

もし気持ちがイライラしたり、不安でたまらなくなってきたときは副交感神経が優位に働くように自分で調整するのが一番。そこで皆さんにお伝えしたいのが、心を落ち着かせる呼吸法です。

私はいままでヨガの先生や気功の先生方に呼吸法を習ってきました。ヨガの先生が教えてくださったのは、自分の腕を徐々に前方に伸ばして、人差し指を立てて、それをろうそくだと思って炎を吹き消すように息をフーッと吐き出す方法です。

スーッと息を吸い、その2倍くらいの時間をかけて息を吐く。私はふだん、スーッと2秒息を吸い、4秒かけてフーッと息を吐くようにしています。

これは朝起きたときにやってもいいですし、会社で何かしらストレスをかかえるようなことがあったときは、休憩時間にやってみてもいいでしょう。人前でスピーチをする前に行うのもオススメです。

深く呼吸をすることは、筋肉を鍛えることにもつながります。

スーッと息を吸ってお腹をふくらませ、フーッと息を吐いてお腹をへこませる腹式呼吸。これを続けていると、お腹まわりもしまってきます。

また、胸のあたりで深い呼吸をする胸式呼吸は、肩や首まわりの筋肉や肩甲骨《けんこうこつ》、背《はい》筋《きん》を使うので、肩こりの予防・改善にもつながります。

私はたくさんの呼吸のプロから習ったエッセンスを抽出して、自己流にアレンジしています。そして仕事の合間合間に、深呼吸で気分転換。皆さんも、自分がやりやすいと思う方法をいろいろミックスしてみるといいと思います。

自分が一番心地いいと感じられる方法でよいのです。自分自身の副交感神経にスイッチが入る方法をぜひ編み出してみてください。

第7章

この人生を面白がって生きる

――いい男の自覚と習慣

自分が気持ちいいことを優先する

さて、ここまでさまざまな「男磨き」について書かせていただきました。

少し厳しい言葉も入っていたかと思いますが、これも日本に少しでも〝カッコよく年を重ねていく男〟が増えてくれればと思ってのこと。どうかお許しいただきたいと思います。

私自身、年をとってからのほうが、

「いい顔してるね」

とほめてくださる方が増えました。

そして80代に入ったら〝空前のモテ期〟がやってきて。

「いつも笑顔が若々しいですね」

と、皆さんが私の笑顔をほめてくださいます。ありがたいことです。

最近「年をとらない秘訣」についてインタビューされることが多いのですが、私にはアンチエイジングのために特別にやっていることはありません。トレーナーをつけて特別な運動をやっているわけでもないので、はて、では私はなぜこんなに元気なのだろう。自分自身で「私が年をとらない秘訣」について考えこんでしまいました。

そして答えが見つかりました。

私が年をとらないのは、私は自分が「気持ちいい」と感じられることを一生懸命やってきたからです。

21歳から「会社」という組織の中で働いてきました。そして50歳のとき、私はその組織で女性初の役員になりました。

でも私が一番好きなことは、「人に美容を伝えること」「美容のプロを育てること」なのです。50歳から悩みに悩みましたけれど、56歳で会社を辞め、私は自分の会社をつくり、学校をつくり、たくさんの生徒たちを美容やその他の業界に送り出してきました。

私のメイクで「私、こんなにきれいになれるんだ！」と感激してくださるお客様の姿を見るのが、気持ちよくて。

「先生、私、今度こんなお仕事に抜擢《ばってき》されて！」と、美容業界での活躍を報告にきてくれる教え子たちのキラキラした姿を見るのが、気持ちよくて。

私は自分から大きな組織の肩書を手放しましたけれど、その決断は決して間違っていなかった。だって私は「気持ちよく生きること」を選んだのだから。84歳になった今、あらためてそう思うのです。

「○○をしなければならない」というような束縛はまったくなく、たとえば食事でも

「食べたいときに食べたいものを満腹するまで食べる」。私のいまの生活は、自由そのものと言ってもいいほどです。

考えてみると、私は自分で「気持ちいい」と思えることだけを追求してきました。そして、その「気持ちいいこと」がいつも「いいこと」につながってきたように思います。

私がいつも笑顔でいるのは、そのほうが気持ちいいからです。そして笑顔でいると、新しい人、新しいお仕事が私のもとに集まってくれます。

私がいつも首筋も背筋も曲げないで仕事をしているのは、そのほうが気持ちいいからです。そして毎日姿勢よく歩いていると、肥満もフレイル（心身が老い衰えた状態）も寄せつけないからだになるのです。

「気持ちいいこと」というのは、人によってさまざまだと思います。

でも自分自身が「気持ちいいな」「幸せだな」と感じながら生きていると、それはまわりにいる人たちにも伝わるものです。その〝いい気〟を感じて、人は集まってくるのです。

小さなことでもかまいません。自分にとっての「気持ちいいこと」を大事にしてください。

たとえ微笑み返してもらえなくても、いつも皆にニコッと笑って会釈する。私はそういうことも大切だと思います。

「気持ちのいいこと」を毎日実践している人というのは、まわりから見たら「見てて気持ちのいい人」なのですよ。

これからの生き方が「男の顔」をつくる

若い頃は仕事に振りまわされて、いつも頭がカッカして……。なんてこともあったでしょう。

私などは30代の頃はアフロヘアで、それこそカッカしながら働いていました。仕事は猛烈に忙しかったですが、いま振り返ってみれば、たくさんのヒット化粧品を生み出すことができて本当に楽しかったです。

ただ30代の頃の顔よりも、私は今の自分の顔のほうが圧倒的に好きです。

カッカしていた頃の顔には、

「競争に勝たなきゃ」

といった気持ちが全面に出ていました。

あのままの顔でずっと生きていたら、人が寄りつかなかったかもしれません（笑）。

組織の中で生きてくると、どうしても組織のルールには従わなければなりませんし、「自分はどう思う」ではなく、「わが社はこうだ」を優先するのは当たり前。

そして、自分という「個」のありかたを考えなくなってしまう方も多いと思います。

でも「定年」という文字も近づいてきたら、「組織人」としての生き方よりも、自分という「個」の生き方に目を向けることも大事かなと思います。

組織という看板のもとに存在するのではなく、あなたご自身がこの世の中にどう存在するのか。

そのビジョンをはっきり持ったほうがいいと思います。

私はいつも「小林照子です」とフルネームで名乗ります。私の顔に刻まれているのは、「小林照子」という生き方です。

自分がやりたいことを選んで生きてきた自信と誇り。それが今の私の顔をつくっています。

年をとればとるほど、顔には「どんな生き方をしてきたか」が表れるものです。

「面倒くさいこと、やりたくない」

「お金はもう十分あるから、働かなくていいや、テキトーで」

「自分磨きなんて、別にどうでもいいかな」

と思って生きている人は、それがそのまま、必ず顔に出てきます。

でも、人というのは本当に敏感なものです。

「テキトー」で「どうでもいい」は、必ず人に伝わります。

そうすると、人は近づいてこなくなります。だって、「テキトー」で「どうでもいい」を連発する人が、新しいものを生み出すとは思えませんし、一緒にいても人生が楽しくなるとは思えないでしょう？

一緒にいて、運が下がりそうな人のもとにわざわざ近づいてくる人はいないのです。

ここぞとばかりに近づいてくるのは、詐欺師《さぎし》だけですよ。

一生人に誘われる人というのは、人生のなに一つとして「どうでもいい」と手放していない人です。

さあ、これからの「顔づくり」。じっくり時間をかけてみてください。

その顔の製造責任者は、あなたご自身なのです。

お酒とはスマートにつき合っていく

人生を楽しむのに、お酒は不可欠、という人も少なくないでしょう。若い頃は、翌日のことも考えずに飲み明かしたこともあったかもしれません。

昔の忘年会シーズンと言えば、お酒を飲んで酔っ払ったオジサンたちが「もう1軒行こうー！」と気炎を上げている、というのがお決まりの風物詩でした。いまでは、そんな人たちは見かけませんね。

高度経済成長期やバブルの頃は、高いお酒をたくさん飲めることが「豊かさ」でしたが、いまはそうではないでしょう。

お酒を飲めない、飲まないという人も増えていますし、それがＯＫな時代になりました。ノンアルコールのビールやカクテルも多く登場しています。

だから、無理をしてお酒を飲むことはありません。

ただし、頑《かたく》なに「飲めません」と断るより、「すぐに顔に出るので、乾杯だけ」とサラッと言うほうがスマートです。

飲み会の席の、その場の雰囲気を壊さないために、最初の乾杯ぐらいは他の人に合わせるというような心づかいができる人は素敵です。

また、他の人たちが赤ワインを飲むときは、グレープジュースなどを注文して、見た目の色を合わせるというのも、ビジネスマンなら覚えておきたい気配りです。

お酒を飲むなら、飲む量を競う時代は過ぎて、お酒そのものを楽しむ時代になったと私は思っています。

「お酒なら何でもいい」という人も豪快で楽しいですが、お酒の種類や原産地、原材料にこだわりを持っている人は、女性や若い人に「大人の男」を感じさせます。

知り合いに「シングルモルトのウイスキーにはまっている」という男性がいます。

いまは世界的にウイスキーブームだそうですが、ウイスキーは、大麦を原料にしたモルトウイスキーと、トウモロコシや小麦を主原料にしたグレーンウイスキー、そして、この2種類を合わせたブレンデッドウイスキーの3種類に分けられます。「シングルモルト」というのは、1か所の蒸留所でつくられたモルトウイスキー、その蒸留所によって色や香り、味も千差万別。好きなものもあれば、受けつけられないものもある、というのが「面白くて、はまってしまいました」と、その方は言っておられました。

いまの年になれば、自分にとってのお酒の適量は心得ている方がほとんどでしょう。健康のために控えているという方もいらっしゃるかもしれませんが、同じ飲むなら、おつき合いで仕方なく、というより、好きなものを無理のない量で、というのがいいですね。

一つのこだわりを持てば、そのこだわりから知識や情報を得られる機会も増えます。思いがけない同好の士に出会えることもあるかもしれませんよ。

人生は、これからの10年が面白い

30代、40代のがむしゃら時代を通り抜けると、50代からは〝自分なりの人生〟がデザインしやすくなります。

「人生の節目に自分の見られ方を変えたい」

「自分の印象を変えたい」

そう考えたときは、第三者の意見を聞くことも役に立つことが多いと思います。

私の開発した印象分析システム「和＝美（ワナビ）」は、ウェブ上でトライすることも可能です。ネットで「和＝美」を検索していただけばすぐに出てきますので、時間があるときにぜひ試してください。

「和＝美」の印象分析のシステムは、次の6つのゾーン、12タイプに分けられます。

（1）甘い少年のようなゾーン
タイプ【スイート】：現実より空想の世界を夢見る、未来への可能性を信じる人
タイプ【ソフト】：理想を持ち続け努力する、人との調和を願う繊細な人

（2）爽やかな男性のゾーン
タイプ【ナチュラル】：心の平和と幸せを願う、温かさや信頼感にあふれる人
タイプ【フレッシュ】：ほどよいエネルギーを持つ、さわやかな風を吹かせる人
タイプ【スポーティ】：活動的で好奇心にあふれた、独立心が強く現実的な人

（3）完成された男性のゾーン
タイプ【ジェントル】：接する人に好印象を与える、洗練されたセンスを持つ人
タイプ【ダンディ】：口数は少ないが信用できる、大人のオシャレができる人
タイプ【ミステリアス】：静けさと深さを持つ、無限の広がりを感じさせる人

（4）華やかな気を放つ男性のゾーン
タイプ【ゴージャス】：どんな場所でも人目につく、人を引きつける魅力の人
（5）判断力の鋭い男性のゾーン
タイプ【クール】：冷静で完全無欠を目指す、独創性と可能性を追求する人
（6）躍動感にあふれる男性のゾーン
タイプ【ワイルド】：たくましさと大胆さを持つ、力強い生命力を感じる人
タイプ【ダイナミック】：魅力的でカリスマ性がある、自信と熱意に満ちた人

あなたは、どのゾーン、どのタイプに当てはまるのか。それによって、自分自身がどのような印象を持たれているかがわかります。

それは自分の魅力を見つけることにもつながるはずです。

さらに、ウェブで印象分析をしたけれど、実際にどのようなメイクやヘアスタイルをしたらいいのかわからないなど、個人的にアドバイスを受けたいという方は、東京・

表参道の「フロムハンド」メイクアップアカデミーで実施しているメンズのレッスンにお越しください。

こちらでは、プロが直接イメージメイキングのお手伝いをさせていただきますので、より「印象分析」と「イメージメイキング」を楽しんでいただけるかもしれません。

人の印象は、出会って6秒で決まるという説もあります。

時には第三者の意見も取り入れて、自分自身をよりよく理解し、自分の魅力が最大限に生かされる方向に進むことも大事です。

人生は楽しまなければ！

そのために、「印象分析」を役立てるのも一つの方法です。

美しく存在することを意識する

これから生きていく中で、一つ忘れないでいただきたいことがあります。

それは「あなたも街の中の風景の一つである」ということです。

どんな人間でもそう。いつでもそう。街の中の風景を構成するメンバーになっているのですから、そこに存在するなら、〝美しく〟存在したいと思いませんか？

美の国、日本。日本人のルーツには、他国から入ってきたものでも、繊細かつ美しく洗練させてきた歴史があります。

それこそが、日本人が生まれながらに持ち、育んできた美意識のなせる技ではなかったかと私は思うのです。

東日本大震災のときには、震災の翌日でも駅のホームにきちんと並ぶ日本人のことが、世界のニュースとして取り上げられたと聞きます。

並んでいる人たちにとっては当たり前のことでも、世界の人々にとっては驚くべきことだったわけです。

この本の最初でもお話ししたように、自意識と美意識を持つことが、その人の人生を豊かにすると私は思っています。

人生は、ただ生きているだけではダメなのです。

「自分」が「自分」としてあること。

そして、その存在は美しくあること。

そうでなければ、生きている意味がないとさえ思うのです。

道に咲いている花は、決して人の目を楽しませようとして咲いているのではありません。でも華やかに咲いている花を見ると、人の心はなごみますし、たとえ家から駅に行く道が何通りもあるとしても「通るのだったらあの道だな」と思うのが、人の気持ちというものです。

花と同じように、私たちも存在するなら、美しく。


いつまでも働き続けられる人、ビジネスで成功をおさめ続けられる人、というのは、そんな美意識を持ち続けられる人です。美意識を忘れない人というのは、自分のことだけでなく、人のことも考えられるから、仕事の場でもうまくいくのです。

自分が成功するには、周囲の人たちも一緒でなければ成り立ちません。

社員が苦労していて、社長だけが成功しているという会社はないわけです。

家族の一人だけが幸せになるということもありません。

家族みんなが幸せだから、自分も幸せを享受できるのです。

美意識を持っている人というのは、何が美しいかを知っている人です。

美しいと思うことを実践できる人です。

美意識を磨き続けていくことを忘れないでください。

それさえ続けていけば、あなたは、この先も若々しく、楽しみながら人生を歩んでいけるでしょう。

人生は、あなたの気持ち次第で、どのようにでも変えられます。

それは今、私が84歳という年齢になって実感することです。

48歳という年齢を一つの節目として、ますます「いい男」になっていくあなたに、心からのエールを贈ります。

おわりに——

美容のスキルが、これからの人生を変える

私は、人生はステージのようなものだと考えています。

そのステージでどんな役を演じるかは、自分で決められる。そしてその役をどんなふうに観客に見せていくか、も自分で考えられる。

私たちは役を演じる俳優であり、演出家であるのです。

大事なのは、一流の俳優兼、演出家であり続けるエネルギーをどこまで保つことができるか、ということ。

私はよく女性には「更年期以降は、エネルギーを自家発電していきましょう」とお話しします。

美容のスキルが、これからの人生を変える

これまで30冊近くの本を出版してきましたが、男性に向けて書いたものは本書が初めてです。

美容は、女性だけのものではなく、男性にも、それを知っていただくことで、より美しく！　より積極的に！　自分の世界を広げ、充実させることができると信じて、お話ししてきました。

男性にも更年期があることは、本文でもお伝えしましたが、その症状の有る無しにかかわらず、48歳を過ぎたら、これまでとは違う自分に出会うことになります。

それまでは当たり前のように供給されてきたエネルギーが、「あれ、ちょっと出が悪くなったかな」ということが起こるのです。

そうとなれば、自家発電していくことが必要になってきます。

美容は、そのお手伝いをする効果的なスキルといっていいでしょう。

そして、もう一つ。エネルギーを発電するのに必要なのが、私は、「夢」を抱くことではないかと思うのです。

「いまさら夢なんてありませんよ」

という方もいらっしゃるかもしれません。50歳近くになれば、厳しい現実があることもわかっています。

それでも、夢を持っていただきたい、と来年には85歳になる私は思います。

少年時代になりたかった職業は何でしたか？

いままでの経験で、楽しくて夢中になれたことは何だったでしょうか？

まだまだ、じつはやってみたいと思っていたことがあるのではないでしょうか？

いますぐにできなくてもいいのです。

でも、それができるように努力すること。それが生きていくパワーになります。

いまできていることも、「もっとこうしたい」と思うことがあれば、それが夢になります。

男の40代、50代は「全盛期」ともいわれます。

でも、ただ過ごしているだけでは、そうはならないでしょう。

「全盛期」というものは、いつの時代でも自分でつくり出すものです。


「いくつになっても全盛期をつくっていくことができる」

そう考えて、「人生のステージ」を上っていきましょう。

そんな男性が、私の考える「いい男」です。


私も今、80代の全盛期をつくり出すべく走り続けています。

ゆっくりするのは、老後になってからで十分です。

小林照子（こばやし・てるこ）

1935年生まれ。美容研究家・メイクアップアーティスト。

戦中から戦後にかけ、生みの親、義理の親、育ての親ら5人の親に育てられるという少女時代を経て、上京。保険外交員の仕事をしながら、美容学校に通う日々を送る。その後、化粧品会社コーセーにおいて35年以上にわたり美容について研究し、その人らしさを生かした「ナチュラルメイク」を創出。時代をリードする数多くのヒット商品を生み出し、一世を風靡する。また、メイクアップアーティストとして、広告・ショー・テレビ・舞台など、女優から一般の女性まで何万人ものイメージづくりを手がけ、どんな人でもきれいに明るくすることから「魔法の手」を持つ女と評される。

91年、コーセー取締役・総合美容研究所所長を退任後、56歳で会社を創業、美・ファイン研究所を設立する。独自の理論で開発した「ハッピーメイク」はマスコミの話題となり、94年、59歳のときに、「フロムハンド」小林照子メイクアップアカデミー（現「フロムハンド」メイクアップアカデミー）を開校。以来、学園長として数多くのメイクアップアーティストやインストラクターを世に送り出す。2010年、75歳のときに、高校卒業資格とビューティの専門技術・知識の両方を取得できる新しい形の教育機関、青山ビューティ学院高等部を本格スタート（現在、東京校と京都校がある）。多感な高校生たちの教育に情熱を傾け、若者の夢と情熱を応援しながら、未来の担い手である人材の育成を行っている。84歳を迎えたいまなお、スケジュール帳には余白がないほど予定を詰め込み、あらゆるビューティビジネスに向けてのプランニング、コンサルティング、社員研修に携わるほか、ボランティア活動も積極的に行っている。近年ではとくに「医療」と「美容」の関係に注目した活動を行っており、「医・美・心研究会」では代表世話人として、メイクセラピスト養成講座を開講。医療・美容・心理学を習得した100名を超えるメイクセラピストを送り出した。現在はナース＋ビューティケア（N＋BC）の活動に取り組む。著書多数。

48歳からの「いい男」の条件
――第一印象を決める自分プロデュース術

2019年12月10日　初版第1刷発行

著　者　小林照子
発行人　櫻井秀勲
発行所　きずな出版
東京都新宿区白銀町1-13　〒162-0816
電話　03-3260-0391
振替　00160-2-633551
http://www.kizuna-pub.jp/

ブックデザイン　福田和雄（FUKUDA DESIGN）
印刷・製本　モリモト印刷

ISBN978-4-86663-094-6

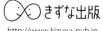